分子标记技术
专利检索与审查

国家知识产权局专利局专利审查协作广东中心／组织编写

知识产权出版社
全国百佳图书出版单位
—北京—

图书在版编目（CIP）数据

分子标记技术专利检索与审查/国家知识产权局专利局专利审查协作广东中心组织编写. —北京：知识产权出版社，2023.10

ISBN 978-7-5130-8930-2

Ⅰ.①分… Ⅱ.①国… Ⅲ.①分子标记—专利制度—研究—中国 Ⅳ.①D923.424

中国国家版本馆 CIP 数据核字（2023）第 186127 号

内容简介

本书基于基因与生物领域产业的发展，分析该领域分子标记技术专利申请特点，针对当前权利要求撰写形式复杂多变、检索特色数据库多而不全、实践中法条运用方式多样等情况，从特色数据库检索策略、权利要求解读、主要法条运用建议等方面进行探讨，为相关领域从业人员开展专利申请和检索提供借鉴。

责任编辑：王瑞璞　　**责任校对：**潘凤越

封面设计：杨杨工作室·张冀　　**责任印制：**刘译文

分子标记技术专利检索与审查

国家知识产权局专利局专利审查协作广东中心　组织编写

出版发行：知识产权出版社有限责任公司	**网　址：**http://www.ipph.cn
社　址：北京市海淀区气象路 50 号院	**邮　编：**100081
责编电话：010-82000860 转 8116	**责编邮箱：**wangruipu@cnipr.com
发行电话：010-82000860 转 8101/8102	**发行传真：**010-82000893/82005070/82000270
印　刷：天津嘉恒印务有限公司	**经　销：**新华书店、各大网上书店及相关专业书店
开　本：787mm×1092mm　1/16	**印　张：**10.25
版　次：2023 年 10 月第 1 版	**印　次：**2023 年 10 月第 1 次印刷
字　数：188 千字	**定　价：**68.00 元

ISBN 978-7-5130-8930-2

编 委 会

编 写 组

主　　编： 邱绛雯

副 主 编： 曲新兴　贺　隽

编写人员： 贺　隽　肖西祥　王胜佳　于　淼
韩福平　陈永强　蔡　兴　郭玉洁
徐　丹　邓　沁　谢庆宁　颜泉梅
吴梦琦　李素荣　周怡婷

序

近年来，生命科学基础前沿研究持续活跃，生物技术革命浪潮席卷全球并加速融入经济社会发展，为人类应对生命健康、气候变化、资源能源安全、粮食安全等领域的重大挑战提供了新的解决方案。国家“十四五”规划提出坚持创新在我国现代化建设全局中的核心地位，把科技自立自强作为国家发展的战略支撑，深入实施创新驱动发展战略，完善国家创新体系，加快建设科技强国，并具体部署了加强基因与生物技术、临床医学与健康等科技前沿领域的技术攻关。《“十四五”生物经济发展规划》指出，发展生物经济是顺应全球生物技术加速演进趋势、实现高水平科技自立自强的重要方向，是前瞻布局培育壮大生物产业、推动经济高质量发展的重要举措，是满足生命健康需求快速增长、满足人民对美好生活向往的重要内容，是加强国家生物安全风险防控、推进国家治理体系和治理能力现代化的重要保障；明确了面向人民生命健康的生物医药、面向农业现代化的生物农业、面向绿色低碳的生物质替代应用、加强国家生物安全风险防控和治理体系建设等四大重点发展领域。

基因与生物领域知识产权保护工作得到国家高度重视，《知识产权强国建设纲要（2021—2035年）》提出加快基因技术等新领域新业态知识产权立法，《“十四五”国家知识产权保护和运用规划》提出健全基因技术等新领域新业态知识产权保护制度，《专利和商标审查“十四五”规划》提出要持续关注基因技术等新领域新业态的发展需求，及时完善专利审查标准。

分子标记技术是基因与生物领域中重要的可追踪遗传标记技术，以个体核苷酸序列变异为基础，直接反映生物个体或种群的基因组DNA间差异，具有稳定性强、数量及多态性多、筛选及检测简便等优势，广泛应用于疾病诊断治疗、动植物育种、遗传多样性分析、法医调查等领域，具有广阔的应用前景和较高的商业价值。分子标记技术种类繁多，专利申请量较大，相关专利技术的保护和运用对专利审查工作提出了新的挑战。在专利审查实践中，分子标记相关专利的审查面临着检索数据库多而不全、权利要求撰写形式复杂多变、审查涉及法条多样等困难。

本书聚焦基因与生物领域分子标记技术发展路线和主要代表性技术，开展了专利数据分析，梳理了相关检索数据库和检索策略，探讨了相关法条的一般适用情况，做到手把手指导读者如何解读该领域典型权利要求的保护范围、如何运用分子标记检索策略和如何进行基因序列检索操作，并且提出了审查实践中常见法条的运用建议，希望为个性化医疗、现代生物育种、重要生物安全防控等领域的创新主体及知识产权相关从业者在专利保护和运用方面提供帮助和参考。

前言

本书基于基因与生物领域产业发展实际，结合对重点创新主体的调研及专利审查典型案例的分析，聚焦单核苷酸多态性（SNP）、简单重复序列（SSR）和非编码 RNA 等分子标记代表性类型，分析研究了分子标记技术专利布局态势；针对该领域权利要求撰写形式复杂、检索数据库多而不全、审查实践中法条运用困难等情况，从特色检索策略、权利要求解读、主要法条运用等方面进行了探讨；形成分子标记技术专利检索策略和基因序列数据库检索指引，并针对专利审查实践中关于新颖性和创造性的判断，以及涉及公开充分、说明书不支持、不清楚等法条的运用，结合实际案例给出参考建议。

参加本书编写的有肖西祥（第一章第一节）、韩福平（第一章第二节）、邓沁（第一章第三节）、蔡兴（第一章第四节）、郭玉洁（第二章第一节）、谢庆宁（第二章第二节）、王胜佳（第二章第三至第四节）、于淼（第三章第一节、第二节第二部分）、颜泉梅（第三章第二节第一部分）、李素荣（第三章第三节第一部分）、吴梦琦（第三章第三节第二部分）、徐丹（第三章第四节第一部分）、周怡婷（第三章第四节第二部分）、陈永强（第三章第四节第三至第四部分）、贺隽（第四章），全书由贺隽、肖西祥审核校对，王胜佳统稿。

希望本书对相关领域创新主体及知识产权相关从业者开展专利实

务有所帮助。由于时间和水平有限，本书难免存在疏漏、错误、不足之处，恳请广大读者不吝批评指正。

编委会

2023 年 8 月

目　录

第一章　分子标记技术产业发展分析 …… 1

第一节　分子标记技术以及产业发展概述 …… 1

第二节　全球专利申请分析 …… 12

第三节　中国专利申请分析 …… 16

第四节　广东省专利申请分析 …… 18

第二章　分子标记技术专利的检索 …… 23

第一节　分子标记技术案例典型检索策略 …… 23

第二节　分子标记技术典型序列数据库简介和指引 …… 24

第三节　综合数据库 …… 26

一、GenBank/NCBI 数据库 …… 26

二、Ensembl/ENA 数据库 …… 38

三、UCSC 数据库 …… 45

第四节　专项数据库 …… 52

一、miRBase 数据库 …… 52

二、LNCipedia 数据库 …… 58

三、circBase 数据库 …… 62

四、GEO 数据库 …… 68

五、GEPIA 数据库 …… 73

六、COSMIC 数据库 …… 79

七、Gramene Database 数据库 …… 87

八、中国专利生物序列检索系统 …… 93

第三章　分子标记技术专利的审查 …… 100
第一节　分子标记技术专利的特点 …… 100
一、权利要求撰写形式多样 …… 100
二、审查的特点和难点 …… 102
第二节　新颖性和创造性要求 …… 104
一、《专利法》第二十二条第二款 …… 104
二、《专利法》第二十二条第三款 …… 111
第三节　可授权客体要求 …… 119
一、《专利法》第二条第二款 …… 119
二、《专利法》第二十五条第一款 …… 124
第四节　其他法条的相关要求 …… 129
一、《专利法》第二十六条第三款 …… 129
二、《专利法》第二十六条第四款 …… 134
三、《专利法》第三十三条 …… 139
四、《专利法》第三十一条第一款 …… 141
第四章　总　结 …… 146
一、产业发展潜力巨大 …… 146
二、专利检索策略和典型序列数据库检索指引 …… 148
三、专利的审查实践总结 …… 148

第一章　分子标记技术产业发展分析

第一节　分子标记技术以及产业发展概述

分子标记是指能反映生物个体或种群间基因组中某种差异的特异性 DNA/RNA 片段，是 DNA/RNA 水平遗传多态性的直接反映，是继传统的形态学标记、细胞学标记、生化标记之后发展起来的以遗传物质（DNA/RNA）为基础的遗传标记技术。

分子标记因其稳定性、成本效益和易用性为各种应用提供了非常受欢迎的工具，包括基因组作图、基因标记、遗传多样性分析、动植物辅助育种、个体化医疗和法医调查等。在过去的 30 年里，许多分子标记技术已经在世界范围内被开发并用于不同的系统。很多分子标记如限制性片段长度多态性（RFLP）、随机扩增多态性 DNA（RAPD）、扩增片段长度多态性（AFLP）、简单序列间重复（ISSR）、简单重复序列（SSR）和单核苷酸多态性（SNP）等获得了全球认可。近来 DNA 测序技术革命将分子标记的发现和应用带到了高通量和超高通量水平。

根据 GMI 2022 年报告，2021 年分子诊断市场规模约为 536 亿美元，新冠肺炎疫情、癌症治疗等对诊断检测需求的上升，还将持续推动分子诊断市场份额的增长。以分子标记为中心的分子诊断技术，在药物开发、重大疾病诊断和药物临床试验等方面广泛应用，不断给临床研究、医疗实践和药物开发的场景带来了改变。如图 1－1－1 所示，MARKETS AND MARKETS™提供的数据显示，2021 年，全球分子标记市场规模达到 431 亿美元，并预计于 2026 年达到 781 亿美元。[1] 因此，分子标记市场规模庞大，具有较高的研究和分析价值。

[1] 参见：https：//www. marketsandmarkets. com/Market－Reports/biomarkers－advanced－technologies－and－global－market－43. html？ gclid＝EAIaIQobChMIrMba5ZKm－gIVSDErCh1－cgAPEAAYAiAAEgI2B_D_BwE。

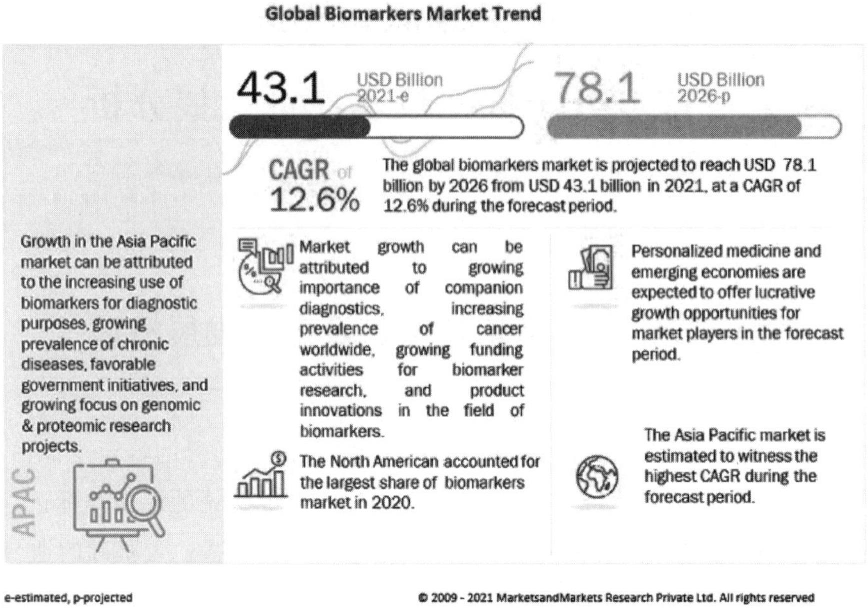

图 1－1－1　全球分子标记市场规模以及趋势

（一）分子标记的主要类型

分子标记技术种类繁多，技术路线不尽相同。根据分子标记技术手段的差异，其可分为三代四大类（见图 1－1－2），即第一代 DNA 分子标记技术、第二代 DNA 分子标记技术、第三代 DNA 分子标记技术以及以 RNA 为基础的其他新型分子标记

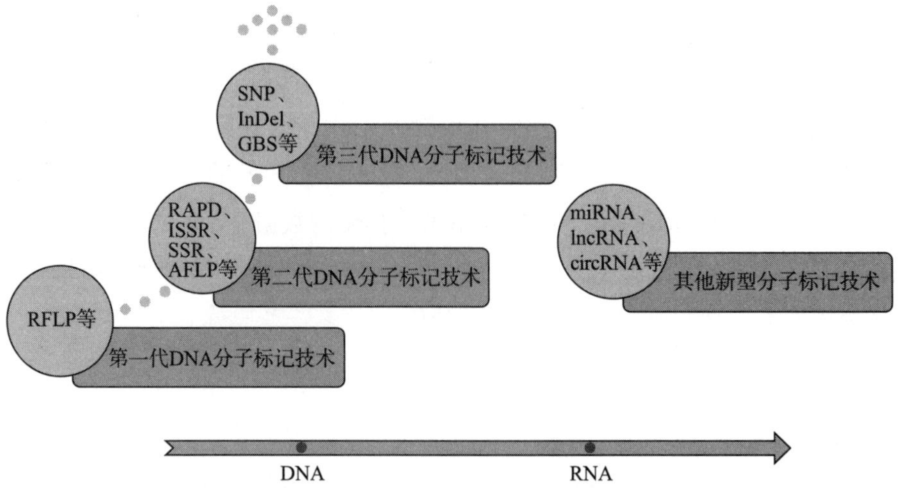

图 1－1－2　分子标记的主要类型

技术。其中，第一代 DNA 分子标记技术是以 Southern 杂交为核心的分子标记技术。第二代 DNA 分子标记技术又可分为两大类，分别是基于 PCR 技术的分子标记技术和基于 PCR 技术与限制性酶切相结合的分子标记技术。第三代 DNA 分子标记技术是基于高通量测序和 DNA 芯片技术的分子标记技术。下面对常见的分子标记技术进行简介。

1. 限制性片段长度多态性

限制性片段长度多态性（RFLP）是指通过对各种来源的基因组 DNA 进行限制性消化后，与短的、单拷贝基因组或 cDNA 放射性标记的探针杂交，并观察放射自显影来检测不同长度 DNA 片段，属于基于杂交的第一代 DNA 分子标记技术。❶ DNA 标记技术始于 RFLP 标记的开发，用于构建人类基因组的第一个分子图谱。❷ RFLP 对于区分不同的基因型非常有用且可靠，潜力已经在植物系统中体现，用于基因组作图、基因标记、了解种群动态和建立分类关系。但 RFLP 还存在许多限制，第一个限制是需要大量的高分子量 DNA（5—20μg）；第二个限制是密切相关的物种通常可能拥有相同的等位基因；第三个限制是使用放射性或其他染色技术是一项劳动和时间密集的技术；第四个限制是在遗传作图中的使用受限，由于 RFLP 探针的单拷贝、单基因座性质，在 RFLP 分析中基因组中的重复区域经常被忽略，尽管多位点探针的使用已经部分克服了该限制。❸ 后续基因组学、转录组学，乃至复杂分子标记（如微卫星）的进步是在 RFLP 和同类相关标记的基础上实现的。

2. 随机扩增多态性 DNA

随机扩增多态性 DNA（RAPD）是 1990 年发明并发展起来的，是建立在聚合酶链式反应（PCR）基础上的一种可对整个序列基因组进行分析的分子技术。❹ 其使用具有 60% 或更高 GC 含量的任意序列单个 10 碱基引物进行 PCR 扩增，仅当引发位点在大约 2000 个碱基内以相反方向出现两次时，才会进行预期 PCR 扩增。RAPD 多态性是由引发位点的序列变异和/或位于引物结合位点之间靶序列的长度变异引起的。

---

❶ 王明湖，席杰君，陈玲瑜，等. 分子杂交为核心的分子标记技术［J］. 植物医生，2017（9）：48 – 51.

❷ BOTSTEIN D，WHITE R L，SKOLNICK M，et al. Construction of genetic linkage map in man using restriction fragment length polymorphisms［J］. The American Journal of Human Genetics，1980（32）：314 – 331.

❸ SIRACUSA L D，JENKINS N A，COPELAND N G. Identification and applications of repetitive probes for gene mapping in the mouse［J］. Genetics，1991，127（1）：169 – 179.

❹ WILLIAMS J G K，KUBELIK A R，LIVAK K J，et al. DNA polymorphisms amplified by arbitrary primers are useful as genetic markers［J］. Nucleic Acids Research，1990，18（22）：6531 – 6535.

RAPD 已广泛用于同时筛选多个位点的多态性，克服了 RLFP 的部分限制，是一种非放射性检测，仅需要少量 DNA（15—25ng），可在数小时内完成。RAPD 需要较少的技术专长，与所关注性状相关的 RAPD 扩增子可以通过批量分离分析来识别。RAPD 的另一个优点是通常可以获得大量标记，分布在整个基因组中。然而，后代中非亲本条带的出现在一定程度上限制了 RAPD 在分子作图中的使用。尽管 RAPD 分析解决了与 RFLP 相关的大部分问题，但它仍然存在重现性差的固有问题，这主要是因为使用了低退火温度导致错配。

3. 简单序列间重复

简单序列间重复（ISSR）是于 1994 年发展起来的一种基于微卫星的分子标记技术，[1] 采用非重复序列锚定引物序列，可确保在每个循环中相同核苷酸位置开始扩增，然后通过琼脂糖或聚丙烯酰胺凝胶检测。ISSR 本质上结合了 RAPD 与重现性和特异性的优点。重现性源于与 RAPD 相比，PCR 扩增使用更长的引物，以及 PCR 中使用的退火温度更高。与 RAPD 一样，ISSR 几乎不需要事先的目标序列知识，因此可以轻松地应用于非模型物种。基因组中丰富的微卫星及其在相同和不同物种个体之间的高变异性确保了 ISSR 标记的实用性。

4. 扩增片段长度多态性

扩增片段长度多态性（AFLP）是 1993 年发展起来的一种检测 DNA 多态性的分子标记技术，是由选择性限制性片段的 PCR 扩增而来。这些片段由特定限制性酶（一种稀有切割物和一种常见切割物）产生并连接到几个核苷酸碱基长的寡核苷酸接头上，[2] 然后在高度严格的条件下进行 PCR 扩增，并在聚丙烯酰胺测序凝胶上运行，通常分解成 40—200 个条带。多态性的高重现性、快速生成和高频率使 AFLP 分析成为一种有吸引力的技术。AFLP 比 RAPD 可重复性更高，因此对于人口和遗传研究更可靠。与 RAPD 一样，AFLP 也分布在整个基因组中，因此适用于构建遗传连锁图谱。然而，AFLP 的多态信息含量通常低于微卫星。AFLP 通常显示显性遗传。而由于其片段通过银染色、荧光或放射性检测，并在大型测序凝胶或自动 DNA 测序仪上解析，因此该技术仍然很昂贵，并且需要专业技术知识。

---

[1] SHARMA P C, BRUNO H, WINTER P, et al. The potential of microsatellites for hybridization and polymerase chain reaction - based DNA fingerprinting of chickpea (Cicer arietinumL.) and related species [J]. Electrophoresis: The Official Journal of the International Electrophoresis Society, 1995, 16 (1): 1755 - 1761.

[2] PIETER V, RENE H, MARJO B, et al. AFLP: a new technique for DNA fingerprinting [J]. Nucleic Acids Research, 1995, 23 (21): 4407 - 4414.

5. 微卫星

微卫星，也称为简单重复序列（SSR）或短串联重复序列（STR），代表一类广泛分布于所有基因组中针对特定基因组位点、基于 PCR 标记的重复序列。❶ 使用一对侧翼位点特异性寡核苷酸引物，通过 PCR 扩增此类微卫星序列，并在高分辨率琼脂糖凝胶上解析。在早期，基因组微卫星通常从选定大小的基因组文库中分离出来。该过程烦琐且费力，需要使用短的放射性标记微卫星探针通过杂交筛选数千个基因组克隆。随着公共领域序列数据的广泛运用以及下一代测序技术（NGS）的出现，微卫星的分离过程大大简化了，即使在非模型物种中也促进了标记的高通量开发，并以一种时间和成本效益高的方式实现。❷ 微卫星丰富、无处不在、易于自动化，是一种具有共显性和普遍性、稳健、可靠和可重复的标记。微卫星表现出的多态性比其他标记更丰富。

6. 单核苷酸多态性

单核苷酸多态性（SNP）主要是指在基因组水平上由特定的单个核苷酸差异（取代、缺失或插入）所引起的 DNA 序列多态性。尽管大多数 SNP 位于非编码基因组区域内，但其一个重要的子集对应于与疾病或其他表型相关的基因突变。近期 NGS 技术的进步为大量 SNP 的高通量发现作出了贡献，❸ 彻底改变了遗传多样性评估和全基因组关联研究（GWAS）。SNP 开发可以很容易地与简化表示库（RRL）的构建相结合，使用例如限制性消化、微阵列、cDNA 或其组合等方法降低基因组复杂性，可以在提供有意义的 SNP 方面节省大量时间和成本。已经开发了许多用于开发和检测 SNP 进行基因分型的检测方法。基于 NGS 的 SNP 开发方法［如简化多态序列复杂度（complex reduction of polymorphic sequences，CRoPS）测序和限制性酶切位点相关 DNA（restriction - site - associated DNA，RAD）测序］及其自动化方法（如 Illumina 的 GoldenGate Technology），在基因分型中的应用越来越广泛。SNP 的优点是密度高、分布广、多态性高、遗传稳定和检测方法众多等，缺点是检测费用高。

---

❶ 陈星，高子厚. DNA 分子标记技术的研究与应用［J］. 分子植物育种，2019（6）：1970 - 1977.

❷ CSENCSICS D，BRODBECK S，HOLDEREGGER R. Cost - effective，species - specific microsatellite development for the endangered dwarf bulrush（Typha minima）using next - generation sequencing technology［J］. Journal of Heredity，2010，101（6）：789 - 793.

❸ VAN TASSELL C P，SMITH T P L，MATUKUMALLI L K，et al. SNP discovery and allele frequency estimation by deep sequencing of reduced representation libraries［J］. Nature Methods，2008，5（3）：247 - 252.

7. 插入/删除

插入/删除（InDel）是指基因组序列中小片段的插入或者删除引起编码框移位的分子标记。在过去的十年中，InDel标记已被用于植物和人类健康的研究，以及食品和饮料的研究。InDel多态性可能使其比SNP具有更大的影响，在特定高级生物特征的进化中发挥重要作用，导致生物体的表型差异，包括对疾病的易感性。考虑到InDel的性质，这些标记在基因组内非常稳定，因此可以与人群研究相关。这些标记为共优势标记，多态性高，丰度高，具有较高的可靠性和可重复性。

8. 通过测序进行基因分型

通过测序进行基因分型（GBS）是一种基于降低大型基因组复杂性的简单技术而开发的分子标记技术，[1] 最常见的是通过对限制酶识别位点附近的基因组区域进行测序来实现。分子育种者将GBS用于遗传多样性估计、性状映射、数量性状基因座（QTL）映射和高分辨率连锁图的开发等经典用途。GBS也被用于分子标记的其他经典用途，如种群和进化研究。随着该技术的普及，研究者开发出了用于提供自动化数据分析和注释的解决方案的应用程序。GBS与RAD（限制性酶切位点相关DNA）相比具有一定的优势，包括对DNA的需求量更少、不需要大小选择、PCR扩增的文库构建过程更短。由于不需要SNP的先验知识，因此在此过程中不存在确定偏差。限制性消化可以使用一种酶或两种酶的组合进行。适当选择限制性内切酶可以避免对低复杂度、高重复性区域的采样，简化下游测序和序列比对处理。

9. 非编码RNA

非编码RNA是一类不能够翻译成蛋白质的RNA分子。随着生物技术的发展，越来越多的非编码RNA被发现和鉴定。研究发现，非编码RNA同样具有重要生物学功能，具有广泛的调控作用，参与多种生物学过程，并被认为是广义上的基因。常见的非编码RNA包括miRNA、lncRNA和circRNA等。其中，miRNA是长度约为19—22个核苷酸的内源性非编码RNA分子；[2] lncRNA是一类长度大于200 nt的非

---

[1] ELSHIRE R J, GLAUBITZ J C, SUN Q, et al. Arobust, simple genotyping - by - sequencing (gbs) approach for high diversity species [J]. PLoS ONE, 2011, 6 (5): 1 - 10.

[2] KROL J, LOEDIGE I, FILIPOWICZ W. The widespread regulation of microRNA biogenesis, function and decay [J]. Nature Publishing Group, 2010, 11 (9): 597 - 610.

蛋白质编码转录本;[1] circRNA 主要来自蛋白质编码基因的外显子，不是由正常的RNA 剪接模型形成的[2]，而是通过外显子环化或内含子环化将 3′和 5′末端连接在一起形成共价闭环结构。非编码 RNA 在肿瘤中的表达往往发生异常变化，并可调控肿瘤发生与发展的多个步骤。非编码 RNA 既可作为抑癌基因，也可作为癌基因，在肿瘤早期诊断、进展预测、分子分型、疗效检测和治疗中具有重要意义，可作为肿瘤早期筛查诊断的标志物和肿瘤治疗的新靶点。

（二）分子标记的主要应用

1. 物种鉴定

分子标记鉴定是指通过比较物种间 DNA 分子遗传多样性的差异来鉴别物种的方法。与传统的鉴定方法相比，DNA 分子标记具有下列特点。①遗传稳定性：DNA 分子作为遗传信息的直接载体，不受外界因素和生物体发育阶段及器官组织差异的影响，每一个体的任一体细胞均含相同的遗传信息，因此用 DNA 分子特征作为标记进行物种鉴定更为准确、可靠。②遗传多样性：DNA 分子由 A、G、C、T 四种碱基构成，生物体特定的遗传信息包含在特定的碱基排列顺序中，不同物种遗传上的差异表现在这四种碱基排列顺序的变化上，这就是遗传多样性。由于DNA 分子不同区域（基因区和非编码区）在生物进化过程中所承受的压力不同，因此有不同程度的遗传多样性。因此，选择适当的 DNA 分子标记技术即可在属、种、亚种、局群或个体水平上对研究对象进行准确的鉴别。③化学稳定性：DNA分子除具有较高的遗传稳定性外，还比其他生物大分子（如蛋白质等）具有更高的化学稳定性。即便是陈旧标本中所保留下来的 DNA 仍可用于 DNA 分子标记的研究。目前，RFLP、RAPD、AFLP、SSR、DNA 条形码等分子标记鉴定均广泛应用在物种鉴定中。

2. 遗传多样性分析

分子标记技术现在是被广泛认可的评估自然种群和种质资源中遗传变异的一种手段。为研究遗传变异，最合适的分子标记选择主要取决于研究的基本原理和物种的遗传结构。基因型的快速准确鉴定在任何育种计划中都非常重要，对于保护专有

---

[1] DINGER M E, MERCER T R, AMARAL P P, et al. Long noncoding rnas: insights into function [J]. Nature Reviews Genetics, 2009, 10: 155 – 159.

[2] SALZMAN J, GAWAD C, WANG P L, et al. Circular RNAs are the predominant transcript isoform from hundreds of human genes in diverse cell types [J]. Plos One, 2012, 7 (2): e30733.

种质至关重要。分子标记是鉴定品种遗传变异和基因分型的有用工具。研究者已经进行了大量的比较评估，以确定用于品种基因分型最可靠的标记技术。RAPD 和 ISSR 等多位点标记已被应用于不同品种的表征。[1] 微卫星标记的高等位基因多样性和种系稳定性使其优于基于任意引物的标记，并且在品种鉴定中的有用性已在大量无性繁殖作物中得到证实。[2] 然而，微卫星标记不适合检测品种内的变异，因此促进了基因座特异性微卫星标记（STM）的使用。STM 标记对于研究同一品种个体内的比较等位基因变异性很有价值，并能够进行普遍的基因分型。随机分子标记（RDM）通常用于评估物种水平或低于物种水平的遗传多样性。显性标记（RAPD、ISSR 和 AFLP）和共显性标记（微卫星）揭示的遗传多样性大多相关，但显性分子标记之间的相关性通常更强。然而，用于遗传多样性评估的 RDM 数量对于结果的准确性至关重要。使用基因分子标记（GMM）进行种质评估提高了遗传标记在识别基因组转录区域变异方面的效率。在 GMM 中，基因微卫星已被用于估计许多植物物种的遗传多样性。由于存在于已知生物学功能的基因转录本中，基因微卫星还提供了检测与适应性变异相关的功能多样性的机会。类似地，当 SNP 标记用于遗传多样性研究时，基因编码区和非编码区的 SNP 可以与表型性状变异相关联。

分子标记还可应用于系统发育和进化关系分析。形态和地理上的变化构成了早期进化论的基础。而随着分子生物学的进步，自然种群遗传结构的一致性变得清晰，并提供了与物种分化相关的遗传变异的时间尺度和类型信息。

3. *动植物辅助育种*

分子标记是目前可用于动植物改良研究的非常有用的工具。这些标记主要是在个体或群体中具有多态性的核酸。在遗传上，由于寡核苷酸引发位点的点突变，基因型表现出对比鲜明的片段库。在某些情况下，插入或缺失突变事件改变末端序列之间的距离可能导致多态性。由 PCR 应用介导的 DNA 标记方案已普遍用于植物基因组分析。此外，植物遗传学不同方面的进步增强了人们对分子标记、植物物种遗传多样性的深入了解，极大地促进了植物分子育种的成功。当前分子标记技术的快速发展产生了新的技术，极大地促进了作物开发几乎所有领域的研究。

---

[1] ARNAU G, LALLEMAND J, BOURGOIN M. Fast and reliable strawberry cultivar identification using inter simple sequence repeat (ISSR) amplification [J]. Euphytica, 2003, 129 (1): 69-79.

[2] BECHER S A, STEINMETZ K, WEISING K, et al. Microsatellites for variety identification in Pelargonium [J]. Theoretical and Applied Genetics, 2000, 101 (4): 643-651.

DNA 标记在揭示多种作物物种变异的程度和分布方面非常有价值，并极大地帮助了不同植物种质的保护和管理。分子标记系统还通过标记辅助选择促进了遗传图谱的组装和加速植物育种。DNA 标记还通过提供重要的系统发育信息，帮助将野生近缘种的理想性状引入栽培物种。此外，分子标记技术的应用可以直接观察和描述基因序列的差异。最终，所揭示的基因序列信息有助于克隆和操纵作物研究和改良中所关注的基因。分子标记技术的出现引入了迄今为止在植物育种中无法实现的精确度。[1]

通过常规的育种技术，分子标记也在动物改良中发挥重要作用，可分为即时（短期）或长期应用。[2] 即时应用包括：遗传距离估计、亲子鉴定、植入前胚胎的性别鉴定、疾病携带者鉴定、基因定位及标记辅助选择（MAS）。分子标记在牲畜改良中最常见的长期应用包括：通过连锁进行数量性状基因座定位。RFLP、SSR 和 SNP 等不同类型的分子标记因其可通过 PCR 容易扩增，可用于估计育种群体内或群体间的遗传多样性而在分子育种中得到广泛应用。这些标记可作为转基因育种的参考点，用于鉴定具有特定转基因的动物或通过标记辅助选择影响经济性状的基因/基因组区域。因此，分子标记的使用极大地提高了家畜品种的改进效率。

4. 个性化医疗

生物标志物对于个性化医疗越来越重要，其应用包括诊断、预后和靶向治疗的选择，用途非常多样化，涵盖药效学到治疗监测。

诊断性生物标记是用来确定疾病诊断或严重程度的生物标记。其中最重要的应用是筛选生物标记物用于区分健康个体和疾病早期阶段的个体。例如，市售的护理点检测（POCT）rheumata - check 和 CCPoint 检测血清中突变瓜氨酸化维门蛋白（MCV）或瓜氨酸化肽/蛋白（抗 ccp 抗体）的抗体，以筛查无症状的健康人的类风湿性关节炎。[3]

如果诊断已知，预后生物标志物有助于在标准治疗条件下对确诊的临床人群预测疾病的可能病程。例如，乳腺癌预后的 DNA 肿瘤生物标志物 MammaPrint® 在手术后

---

[1] REDDY B V, et al. Role of molecular based markers methods and their applications in crop improvement [J]. Plant Cell Biotechnology and Molecular Biology, 2021, 22: 38 - 54.

[2] ALEMAYEHU K, GETU A. Review on the role of molecular genetics in animal performance improvement [J]. International Journal of Genetics, 2015, 5 (2): 30 - 38.

[3] EGERER K, FEIST E, BURMESTER G R. The serological diagnosis of rheumatoid arthritis: antibodies to citrullinated antigens [J]. Deutsches Rzteblatt International, 2009, 106 (10): 159 - 163.

被用于指示转移风险是低还是高，并指导医生确定针对个别患者的最佳治疗方式。这样的治疗指导需要验证生物标志物的预测能力。事实上，在美国，Mamma Print ® 已被美国食品和药物管理局（FDA）批准为体外诊断多变量指数试验（IVDMIA）。在德国，从 2012 年起，一些健康保险公司将为特殊情况支付检测费用。

预测性生物标记可以预测患者对特殊治疗疗效和/或安全性的可能反应，从而支持临床决策。例如，来自北美、澳大利亚/北欧和日本的三个独立小组进行的全基因组关联分析（GWAS）证明，IL28B 基因是丙型肝炎病毒－1（HCV－1）感染患者对标准治疗反应的强有力指标。此外，有证据表明 IL28B 基因存在群体分层，因此治疗反应在不同的种族群体中存在差异。具体来说，具有“良好反应”基因型的白种人更有可能从治疗中受益。这一事实也在 HCV 治疗的临时指南中被提及。该指南指出，对于使用特殊抑制剂治疗具有“无反应”基因型或非洲血统的人的效果可能较差。

一些生物标志物已经得到了 FDA 的批准，还有其他一些生物标志物的使用在临床指南中也得到了推荐，例如美国临床肿瘤学会（ASCO）的临时临床意见，该意见根据主要研究中可能改变实践的数据发布了临床方向。最近的一个例子是对晚期非小细胞肺癌患者的表皮生长因子受体（EGFR）突变的测试，这决定了是否需要一线 EGR 酪氨酸激酶抑制剂治疗。[1]

5. 法医学

法医遗传学利用了多种遗传标记，其中第一种是小卫星（由 9—80 个核苷酸组成核心基序的重复次数不同的序列），个体之间序列长度的差异为在鉴定测试中使用多态性提供了基础。该方法由 Jeffreys 等人开发，分析了人肌红蛋白内含子中包含的高可变区，并证明了 DNA 高度可变区的存在。他们使用限制性片段长度多态性技术分析了可变数量串联重复（VNTR）小卫星序列。将这种技术与杂交技术结合使用，他们成功地获得了独特的个体遗传指纹（DNA 指纹）。Jeffreys 是法医遗传学的先驱，在著名的 Pitchfork 案中首次将分子鉴定用于法医目的，其中 Colin Pitchfork 是第一个根据 DNA 测试结果被定罪的人。[2] 由于分析所需的时间相对较

---

[1] KEEDY V L, TEMIN S, SOMERFIELD M R, et al. American Society of Clinical Oncology provisional clinical opinion: epidermal growth factor receptor (EGFR) Mutation testing for patients with advanced non－small－cell lung cancer considering first－line EGFR tyrosine kinase inhibitor therapy [J]. Journal of Clinical Oncology, 2016, 29 (15): 2121－2127.

[2] JEFFREYS A J, WILSON V, THEIN S L. Individual－specific ‘fingerprints’ of human DNA [J]. Nature, 1985, 316 (6023): 76－79.

短，并且可以检测降解或痕量的 DNA，PCR 技术的变体仍然在当代法医分析中发挥着重要作用。

当代法医遗传学的黄金标准是短串联重复多态性，即 STR，其中核心基序由 2—7 个核苷酸组成。STR 序列比小卫星短得多，因此可以分析痕量的降解材料。STR 标记于 20 世纪 90 年代初首次使用，并很快被用于个体识别。STR 之所以受欢迎，主要是因为它们具有高度的多态性，提供的结果构成了非常有力的证据。在性染色体（Y－STR 和 X－STR）和常染色体上也发现了短而重复的 DNA 序列变体，常用于亲子鉴定。常染色体 STR 对于个体识别更为重要，而 X 和 Y 染色体上包含的信息可用于确定作为材料来源个体的性别。

STR 多态性还可用于在偷猎、虐待动物以及收集和走私濒危物种等犯罪案件中对动物进行个体识别。高度多态的 STR 标记能够确定两个分析样本是否来自同一个体。STR 序列的多态性越来越多地被不同类型的 DNA 多态性所补充，这些多态性涉及 DNA 中的单核苷酸突变。SNP 在法医遗传学中发挥着非常重要的作用，除了在识别个体方面，还因为可以确定表型特征，目前已开发有预测眼睛、头发、肤色等表型的商业化试剂盒。

（三）分子标记技术总体发展概述

分子标记为区分等位基因提供了重要工具。就经典遗传学而言，表型的可见或可检测差异是等位基因。在分子遗传学方面，不同的 DNA 序列是等位基因，最终也可能产生表型差异。即使在 DNA 水平检测到的等位基因不一定会导致表型变异，它们也可能与这种现象有关。在转录组学中，mRNA 序列的差异以及数量可以被视为等位基因。因此，使用哪种方法并不重要，重要的是辨别能力在等位基因之间，重复性和效率在给定的实验中变得很重要。组学技术，例如目标诱导的局部病变基因组（TILLING）、基因表达序列分析（SAGE）及其变体、大量 cDNA 末端扩增（MACE）、深度测序技术（如 RNAseq）彻底改变了基因筛选和分析的方法，使这些任务成为可能，并且更容易和更快。DNA 测序技术的最新进展能够同时在许多个体中筛选多个基因座。这些方法提供了从给定基因组区域生成显式信息的优势，通常使用数千个基因组同时开发适用于构建超高密度连锁图谱的标记。此外，NGS 促进了更深入的表达分析，从而可以识别表达的突变、罕见的转录本和可变剪接变体。在这种情况下，全世界的研究人员将继续转向高通量基因组和转录组学方法，即所谓的“未来的 DNA 指纹”[1]，而分子标记可能会被基于芯片或微流控等前沿技术进一步开发，如 GBS、RAD、自动 SNP 和 SSR 分型等。在未来的日子里，大量的序列数据、基因组和 cDNA 文库将越来越多，这些数据将补充生物科学本身的各种学科。来自基因组或 EST 测序项目的序列数据也将大大有助于直接从公共数据库中保存的基因序列开发分子标记。

第二节　全球专利申请分析

在商业专利数据库中通过关键词、分类号等对全球专利进行检索，检索日期截至 2022 年 10 月 14 日，将同一项发明创造在多个国家申请而产生的一组内容相同或基本相同的系列专利申请视为一项专利申请，合并后获得检索结果 37504 项。本节根据数据库收集的文献及分布特点对全球专利申请量趋势、申请人排名、申请地域分布、申请占比分布等信息进行分析。

1. 申请量趋势分析

图 1 – 2 – 1 为分子标记全球专利申请总量及各类型分子标记申请量随时间变化趋势图。从近 20 年的申请量情况可以看出，2003—2011 年整体上呈缓慢上升趋势。2005 年 Life 公司发布了焦磷酸测序，基于高通量测序技术的诞生，更多的分子标记被发现。2005—2008 年申请量呈逐年上升趋势。2008—2011 年申请量呈稳定趋势。2010 年半导体芯片测序仪的诞生，大幅降低分子标记的开发成本并提高分子标记开发效率，越来越多新的分子标记被挖掘。2011—2021 年申请量呈加速增长的态势。2021—2022 年申请量突然变少，主要原因在于大部分专利申请还处于 18 个月的窗口期，属于未公开状态；另外，数据库中录入数据存在滞后性，在数据收集时，还有相当数量的专利申请未收录在数据库中。通过对全球分子标记专利进行分析发现，分子标记类专利主要涉及 SNP、非编码 RNA、SSR 和 InDel 几大类。

[1] NYBOM H, WEISING K, ROTTER B. DNA fingerprinting in botany: past, present, future [J]. Investigative Genetics, 2014, 5: 1 – 35.

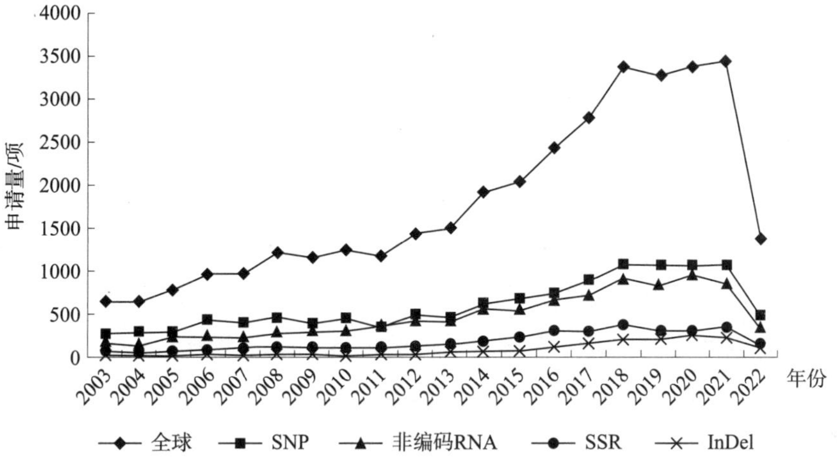

图 1-2-1　全球专利申请总量及各类型分子标记申请量趋势

SNP 标记具备分布广及数量多、遗传稳定等优点，被认为是应用前景最好的遗传标记。SNP 与个体的表型差异、药物敏感、疾病易感性等相关，在精准营养、疾病诊断筛查和用药指导等方面具有重要的研究价值，与日常生活息息相关。与此相呼应，SNP 标记专利申请也是申请量最大的一类，从 2013 年开始进入加速增长阶段。随着对 SNP 技术与疾病或表型性状关联的理解加深，SNP 标记技术成为分子标记专利申请最具活力的分支。

非编码 RNA 参与广泛的生命调控活动，是近年来的研究热点，例如非编码 RNA 在心血管生物学中的关键作用逐渐得到发掘。心血管疾病（CVD）是全球范围内人类健康的重要威胁之一，研究发现非编码 RNA 对调节心血管病理生理过程具有重要意义，在治疗、预后和诊断中的作用已得到广泛的认可。这也奠定了非编码 RNA 标记类专利申请增长的大趋势。可以看出，非编码 RNA 标记的申请量从 2004 年开始就稳步地提升，在 2018 年达到一个新的高峰。

SSR 标记属第二代 DNA 分子标记技术，是发展起步较早的分子标记技术，已被广泛应用于基因定位及克隆、疾病诊断、亲缘分析或品种鉴定、农作物育种、进化研究等领域。SSR 标记不仅能够鉴定纯合体和杂合体，而且结果更加可靠，方法简单，省时省力。但近年 SSR 标记的申请量趋势较为平缓，这可能是因为研究重心逐渐转移至第三代 DNA 分子标记技术如 SNP。

InDel 具有密度大、多态性丰富、准确性高、检测简便、对 DNA 质量要求低等优点。目前 InDel 的专利申请量相对较小，可能是因为应用范围相对较局限，多应用于种质资源分析和辅助遗传育种、群体遗传分析等研究，在产业应用相对较少。

2. 申请人排名分析

图 1－2－2 为分子标记全球专利申请人排名分布图。可以看出，排名前十位的申请人主要包括加利福尼亚大学董事会、华中农业大学、先锋国际良种公司、杰耐萨斯药品公司、西北农林科技大学、CURAGEN CORP、华南农业大学、中国农业科学院等。美国申请量最高的申请人为加利福尼亚大学董事会，该董事会是加利福尼亚大学最高的治理机构。先锋国际良种公司是杜邦旗下的全资子公司，是全球领先的优质植物基因产品供应商。在排名靠前的申请人中，中国农业研究院校占多数，主要申请人集中在高校和科研院所。这显示出中国分子标记技术在农业应用中深耕的趋势。

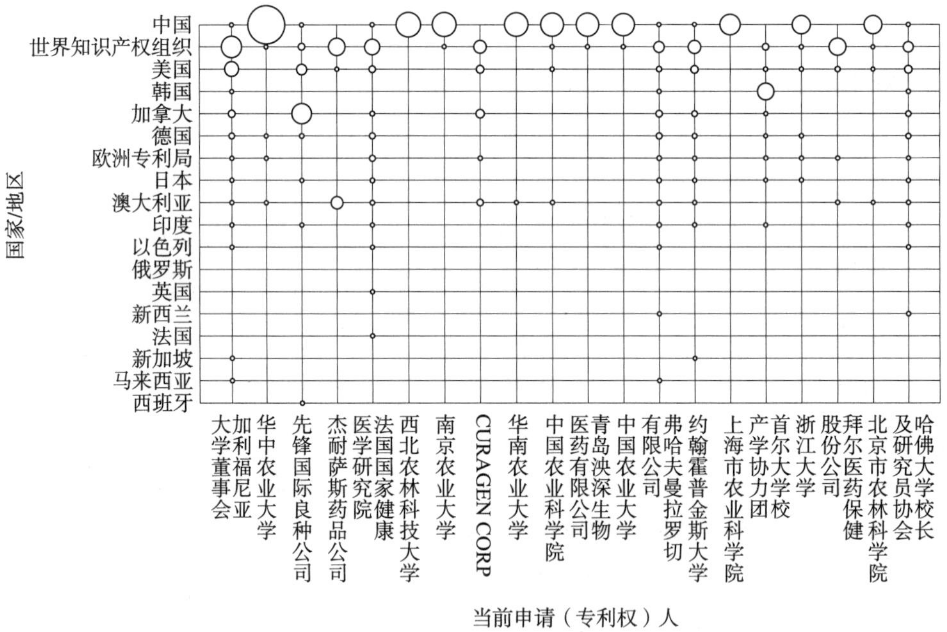

图 1－2－2　分子标记全球专利申请人排名

注：图中气泡大小表示申请量的多少。

3. 申请地域分布分析

图 1－2－3 为分子标记全球专利申请地域分布图。可以看出，来自中国的申请占到了全球申请量的 45.75%，美国则占 17.80%。中国专利申请量远超其他国家或地区，而排名第二的美国也在分子标记技术占据重要地位。

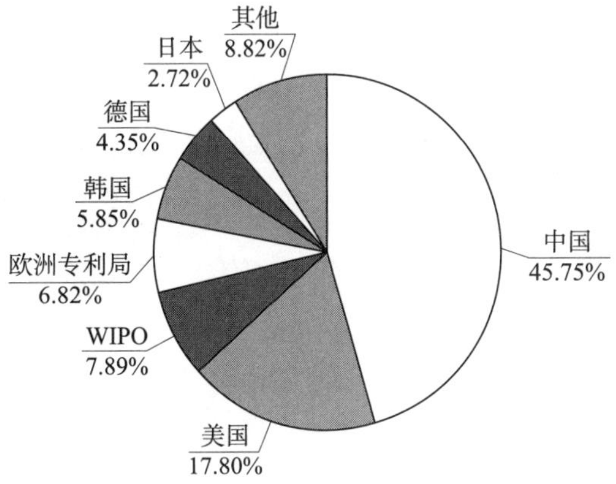

图1－2－3　分子标记全球专利申请地域分布

4. 申请占比分布分析

图1－2－4至图1－2－5为主要分子标记各类型专利申请量及占比分布情况图。可以看出，申请量排名前四位的SNP、非编码RNA、SSR和InDel占到了申请总量的87%，其中又以SNP的占比最大，达到了39%。从专利申请量来看，SNP标记技术专利申请量最多，申请总量超过12000项，这也反映出SNP在产业应用中的巨大潜力。由于近年来研究发现非编码RNA同样具有重要生物调节功能、广泛的调控作用，非编码RNA在表观遗传调控、基因表达调控等方面的研究是目前热点。相应地，非编码RNA标记的专利申请量仅次于SNP标记的专利申请量。非编码RNA分子标记具有巨大的产业价值，具体细分领域包括miRNA、circRNA和lncRNA。由图1－2－6可知，miRNA占比最大，达到80%以上。SSR和InDel的占比相对较小，可能是由分子技术的快速迭代以及产业应用面相对较窄决定的。

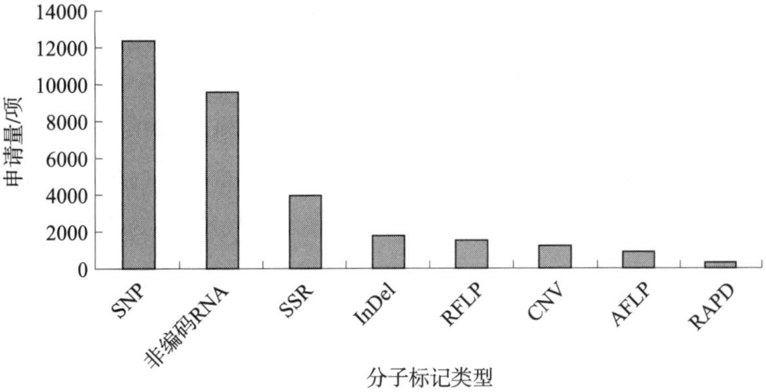

图1－2－4　分子标记主要类型专利申请量

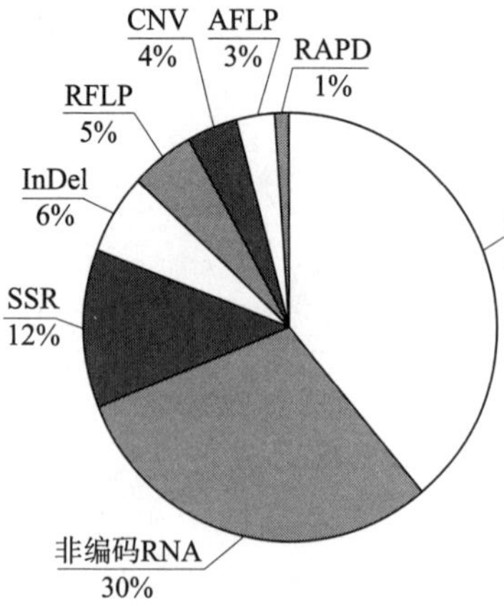

图1-2-5　分子标记主要类型专利申请占比分布

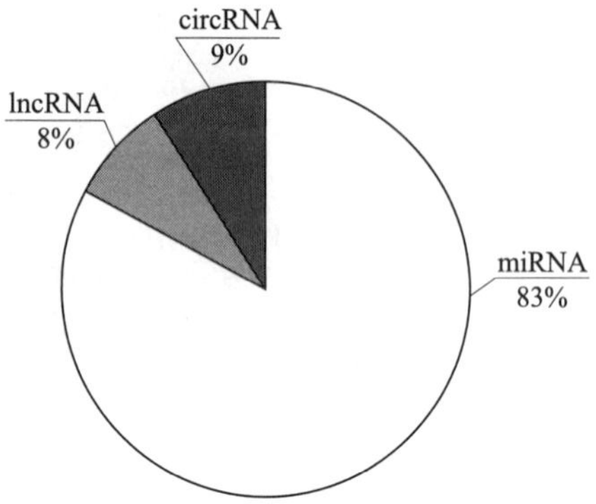

图1-2-6　主要类型非编码RNA专利申请占比分布

第三节　中国专利申请分析

在商业专利数据库中通过关键词、分类号等对中国专利申请❶进行检索，检索日期截至2022年10月14日，将同一项发明创造在多个国家申请而产生的一组内容相同或基本相同的系列专利申请视为一项专利申请，合并后获得检索结果17797项。本节根据数据库收集的文献及分布特点对中国专利申请量趋势、申请地域分布、申请法律状态、申请人排名等信息进行分析。

1. 申请量趋势分析

图1-3-1为分子标记中国专利申请总量随时间变化趋势图。统计近20年的申请量情况能够看出，与全球专利申请趋势类似，中国分子标记技术申请量也在21世纪初缓慢增长，申请量较少；在2011年以后申请量开始加速增长，反映出中国在极短的时间内即成为全球范围内最大的分子标记技术来源国，也是世界范围内市场规模增长最快的国家。研究报告显示，中国生物标记市场将以超过17%的复合年增长率显著增长。❷

❶ 具体指受理局为中国国家知识产权局专利局的申请。

❷ 参见：http://www.research and markets.com/reports/4988040/China-genomic-biomarker-market-2019-2025。

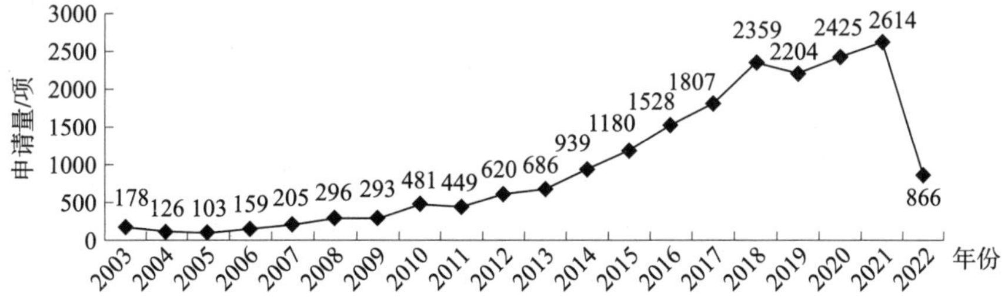

图 1-3-1 分子标记中国专利申请总量趋势

2. 申请地域分布分析

图 1-3-2 为分子标记中国专利申请地域分布图。可以看出，北京、广东、江苏、上海是国内的主要专利申请来源地区，占据了全国申请量的半数。可见分子标记专利申请主要分布于北京以及沿海地区。

3. 申请法律状态分析

从图 1-3-3 的法律状态分析可知，目前分子标记审中专利申请占到了 26.99%，说明近年的申请总量较大；有效专利占比最高，为 39.45%，说明分子标记专利授权质量较高，高价值专利较多，稳定性较好。

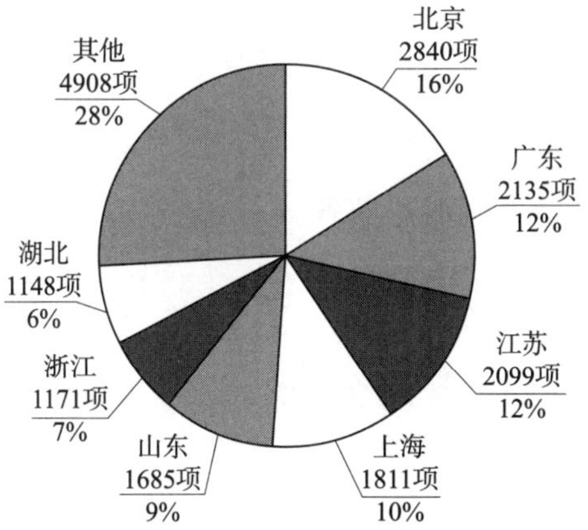

图 1-3-2 分子标记中国专利申请地域分布

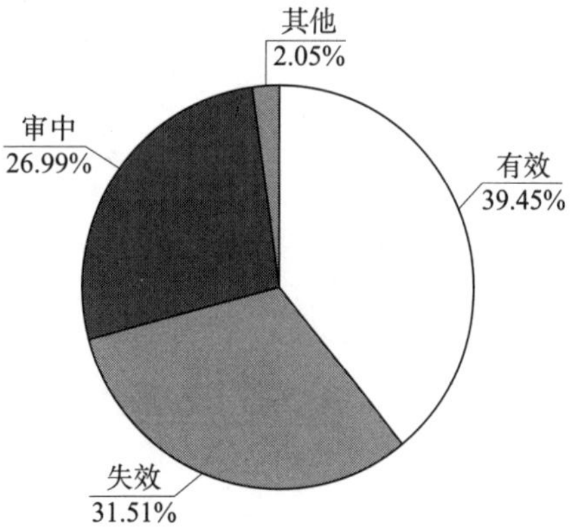

图 1-3-3 分子标记中国专利申请法律状态分析

4. 申请人排名分析

图 1-3-4 为分子标记中国专利申请人排名图。在前十名中，有 9 名是高校/研究院，特别是其中的 8 名为农业院校/研究院，说明在全国范围内，农业院校/研究

院的分子标记专利技术占领先地位。排名第一的华中农业大学所拥有的作物遗传改良国家重点实验室，研究成果丰硕。该实验室在功能基因组研究、种质资源创新及遗传多样性研究、分子技术育种研究等项目上有着深入的研究，且处于国际领先水平，相关专利技术和培育出的一批高产优质高抗的农作物新品种，取得了可观的经济效益。

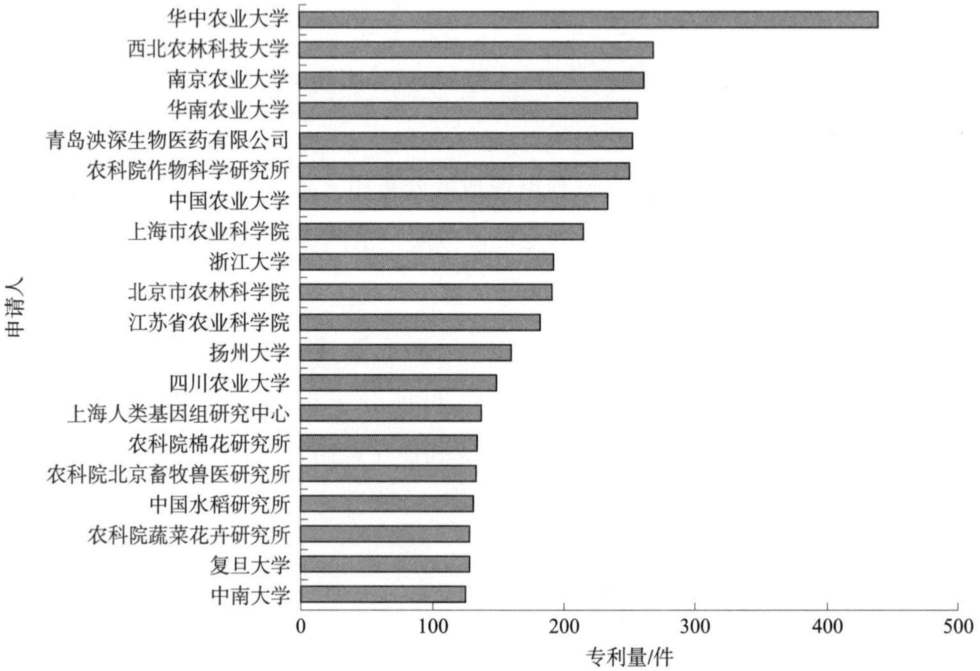

图 1-3-4　分子标记中国专利申请人排名

第四节　广东省专利申请分析

在商业专利数据库中通过关键词、分类号等对广东省专利申请进行检索，检索日期截至 2022 年 10 月 14 日，将同一项发明创造在多个国家申请而产生的一组内容相同或基本相同的系列专利申请视为一项专利申请，合并后获得检索结果 2135 项。本节根据数据库收集的文献及分布特点对广东省专利申请量趋势、申请人排名、申请人类型、申请法律状态等进行分析。

1. 申请量趋势分析

图 1 -4 -1 显示分子标记广东省专利申请趋势变化。可以看出，广东省申请量趋势与国内申请量趋势类似，在 2013 年进入快速发展时期，从每年不足 50 项增长至 2018 年后的每年近 300 项。2021—2022 年申请量出现拐点的主要原因在于大部分专利申请还处于 18 个月的窗口期，属于未公开状态。

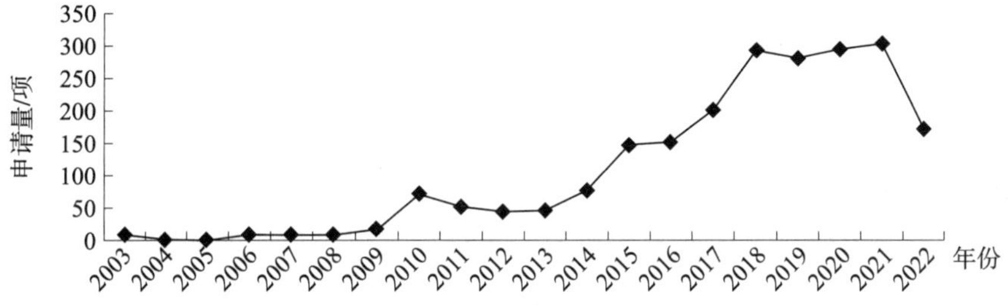

图 1 -4 -1　分子标记广东省专利申请量趋势

2. 申请人排名分析

图 1 -4 -2 是分子标记广东省专利申请人排名分析图。可以看出，申请量排名中大部分申请人均为高校/研究院，说明广东省内高校/研究院是专利申请的主要来源。图 1 -4 -3 显示的为华南农业大学分子标记专利申请趋势图。可以看出，华南农业大学分子标记专利申请量从 2014 年开始快速上涨，2016—2019 年上涨速度最快，而 2019—2020 年短暂下滑，2020 年初恢复快速上涨趋势。

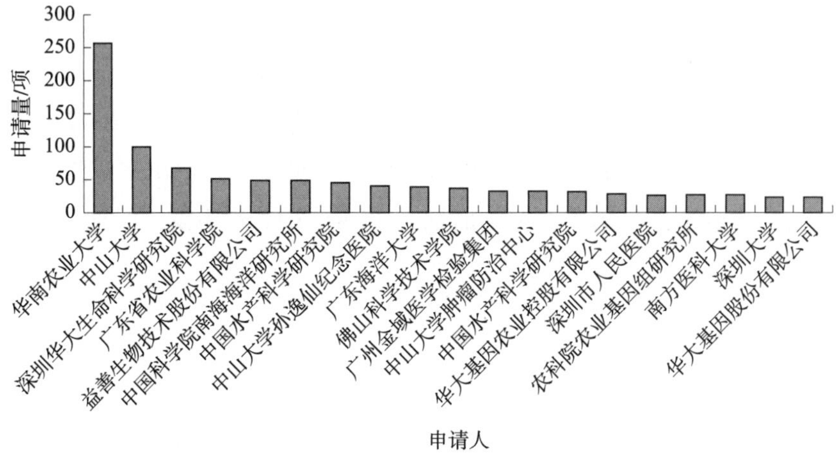

图 1 -4 -2　分子标记广东省专利申请人排名

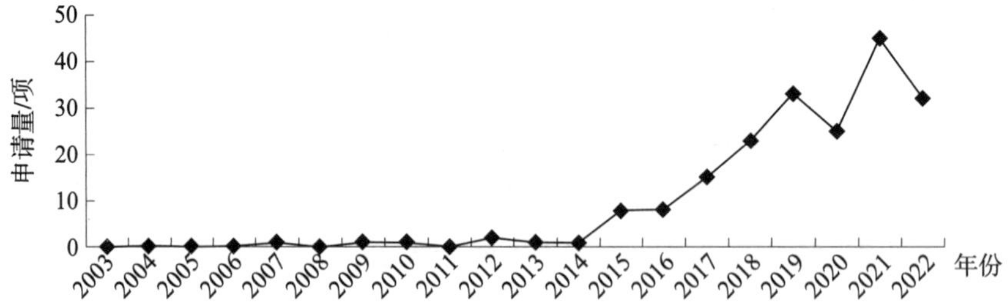

图1-4-3　华南农业大学分子标记专利申请趋势

分析以上情况，排名第一的华南农业大学在申请量上要远高于其他申请人，究其原因，可能是分子标记技术在农业、畜牧业上具有极高的研究与产业应用价值，农业与畜牧业是我国分子标记专利最集中的技术领域，而华南农业大学以动植物遗传育种为王牌专业，在作物和畜牧分子标记等技术领域具有雄厚的科研实力。该校作物遗传育种学科是原农业部、广东省和国家级重点学科。在华南农业大学“植物分子育种研究中心”的基础上还建设有广东省植物分子育种重点实验室，该实验室在植物种质资源的研究与创新、植物分子生物学与分子育种、植物杂种优势利用与新品种选育等科研方向上，围绕“分子育种”这一前沿领域开展研究，在国际发展的前沿不断创新，还主导和参与了3个国家级重要研究平台的建设。

排名第五的益善生物技术股份有限公司是广东申请人排名前十名中唯一一家公司，是中国首家专业从事肿瘤个体化医疗检测技术开发、产品研制及市场推广的国家火炬计划重点高新技术企业，也是国际个体化医疗联盟首家中国成员，具备医疗器械生产、经营及医疗机构执业许可等全面资质。该公司在疾病相关的基因检测上进行深耕，针对癌症相关的基因检测等方面进行专利布局，特色技术包括 CanPatrol CTC（循环肿瘤细胞）的分型检测技术等国内顶尖技术。图1-4-4显示的为益善生物技术股份有限公司分子标记专利申请趋势图。明显可以看出，益善生物技术股份有限公司专利申请主要集中在两个时期：2008—2012年为第一时期，2014—2016

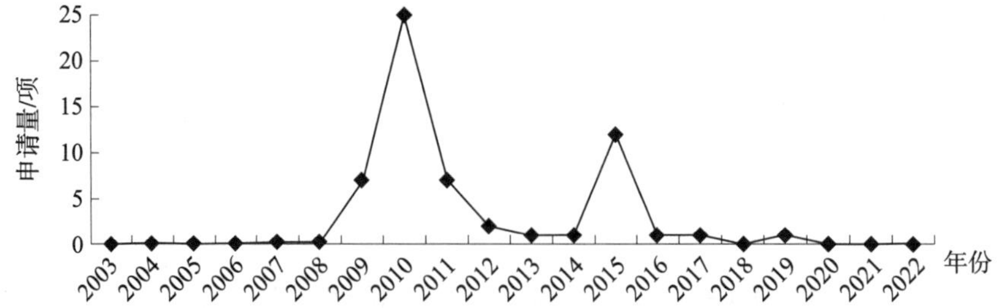

图1-4-4　益善生物技术股份有限公司分子标记专利申请趋势

年为第二时期。其中，2010年申请量达到最大，布局了一批检测基因SNP液相芯片；2015年布局了一批肿瘤标志物检测试剂盒。

图1-4-5为分子标记广东省专利发明人排名分析图。排名前两位的赵薇薇和胡昌明是广州金域医学检验集团股份有限公司的研究人员，主要研究方向在于基因突变和基因多态性的检测方法和应用。广州金域医学检验集团股份有限公司的相关研究起步较晚，多在2015—2019年申请专利，虽然申请量较大，但涉及的应用领域面相对较窄，授权的专利也集中于某些特定基因的引物与检测方法。

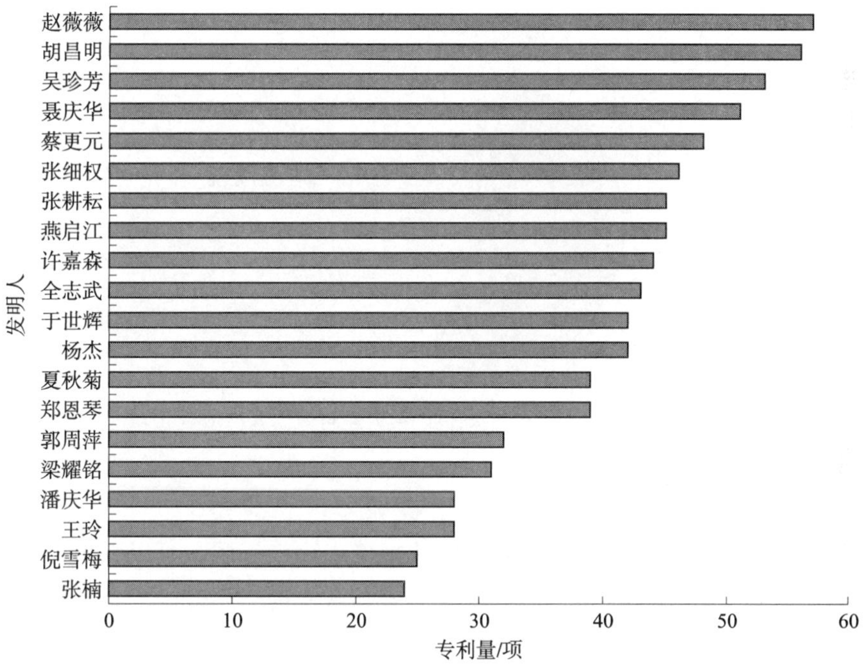

图1-4-5 分子标记广东省专利发明人排名

排名第三、第四的发明人均为华南农业大学教授。吴珍芳教授来自华南农业大学动物科学学院遗传育种科学系，主要研究方向为分子遗传与动物育种，是广东省生猪产业技术体系首席专家。吴珍芳1998年被派驻广东温氏食品集团股份有限公司从事种猪遗传育种研发和技术服务工作；2013年，获批主持筹建“国家生猪种业工程技术研究中心”和“畜禽生物育种国家地方工程中心”；相关专利主要涉及猪免疫性状相关基因、猪生长相关的SNP标记及应用等。聂庆华教授则来自华南农业大学动物科学学院动物遗传育种与繁殖系，目前兼任全国动物遗传育种学会副理事长、全国畜禽遗传标记学会副理事长、广东省遗传学会副理事长以及广东省家禽业协会秘书长等职务；相关专利主要涉及禽类生长相关基因分子标记及其应用等。

3. 申请人类型分析

图1-4-6为分子标记广东省专利申请人类型分析图。从图中的统计数据可以看出，在广东省申请人中，高校/研究院、公司和医院占到了申请的绝大多数，其中院校/研究所和公司二者就占到了81%的申请量，政府机构和个人申请量仅占极少数，说明高校/研究院和公司为科研创新的主力。高校/研究院的专利申请量占据近半数，从侧面反映了国内高校/研究院对分子标记技术研究成果进行专利保护的重视。

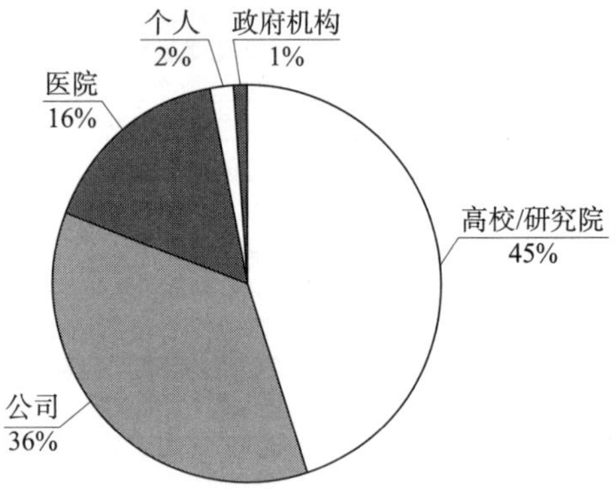

图1-4-6　分子标记广东省专利申请人类型

4. 申请法律状态分析

图1-4-7为分子标记广东省专利申请简单法律状态图。可以看出，有效、审中和失效的专利/申请大约各占1/3，有效的专利占比最大，说明广东省的专利申请质量较高且专利权相对较稳定。

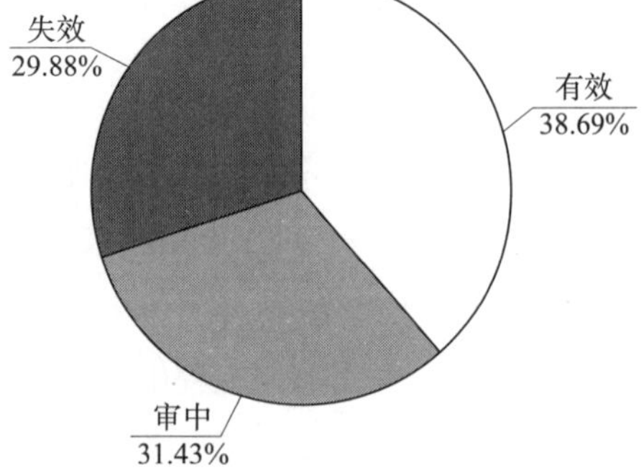

图1-4-7　分子标记广东省专利申请简单法律状态

第二章　分子标记技术专利的检索

前面专利分析以及对创新主体的调研显示出，分子标记技术中 SNP、非编码 RNA、SSR 和 InDel 既是申请量占比较高，也是创新主体重点关注的分子标记技术。进一步通过对实质审查案例进行调查分析，发现在分子标记技术专利审查实践中，序列数据库的检索占据重要地位，而序列数据库的检索又面临着数据库多而不全、不同分子标记技术和不同序列数据库的检索方式不一等问题。因此本书基于重点热点分子标记技术实质审查案例分析，从基因与生物领域几十个序列数据库中，筛选出 11 个典型序列数据库，从数据库的内容介绍、适用场景、检索入口及方式、案例运用等方面进行提炼归纳，形成分子标记技术专利检索策略和序列数据库检索指引，希望对相关从业人员在实践中提高序列数据库的选择能力和检索效率有所帮助。

第一节　分子标记技术案例典型检索策略

基因与生物领域分子标记技术案例的检索关键一般在于对分子标记靶标本身（产品权利要求）和标记所关联的目的性状（用途权利要求）进行检索，其检索策略如图 2 - 1 - 1 所示。对于分子标记靶标本身的检索，通过序列数据库直接检索是效率最高的一种检索方式：如基于综合数据库（如 NCBI、Ensembl、UCSC）检索 SNP/InDel、SSR 位点，通过一些专门的作物数据库（如 Gramene Database、MaizeGDB 等）检索相关作物的 SNP、SSR 位点等，通过特定的 RNA 数据库检索相应的非编码 RNA 标记。以上基于序列数据库的检索通常可以高效率地获得针对分子标记产品权利要求的对比文件。部分序列数据库会列出记载了与分子标记相关联的性状研究文献，可以进行追踪检索，从而获得评述用途权利要求新颖性和创造性的对比文件。当序列数据库中未检索到靶标分子标记，或需要对目的性状进行充分检索时，建议在专利库和非专利文献库中对分子标记和性状联合进行必要的充分检索，并留意结合在特色数据库中获得分子标记要素表达的扩展。

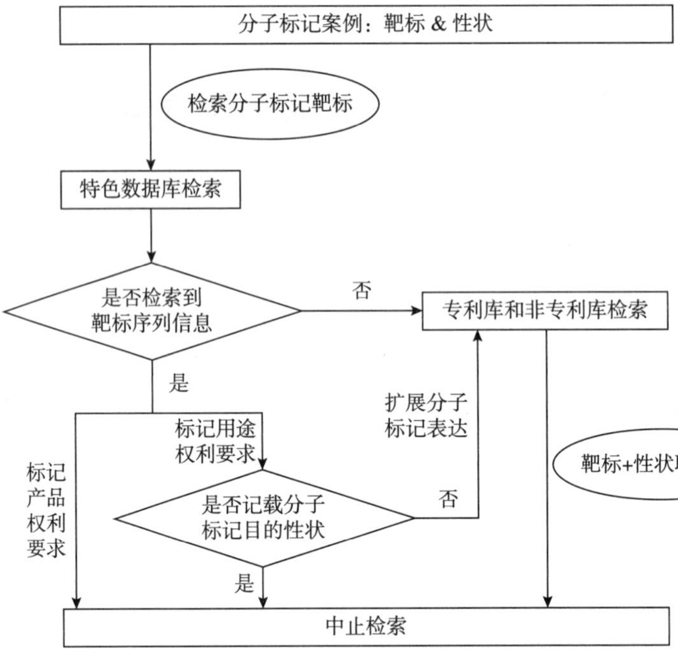

图 2-1-1　分子标记案例典型检索策略流程

第二节　分子标记技术典型序列数据库简介和指引

基因与生物领域分子标记技术专利申请通常以具体生物序列为重要技术特征，因此序列的检索成为该类案例审查检索的重要环节。而伴随着高通量测序技术的发展，不同物种以及同物种大量个体的基因组序列信息不断地被测序和挖掘，也使得研究个性化的基因组信息（如精准医疗）成为可能。相应地，基于对这些数据信息的存储和展示的需要，基因与生物领域多种具有代表性的数据库也随之诞生并持续升级。最具代表性的是美国国家生物技术信息中心（NCBI）的 GenBank、欧洲的 ENA 和日本的 DDBJ。这三个数据库为国际公认的三大生物序列基础综合数据库，通过专门的团队进行数据收集、更新和交换，收录了较为全面的基因组信息，也成为基因与生物领域科研和专利审查最重要的序列检索数据库。但随着对各种新物种、非编码基因、疾病类型等的进一步深入研究，基因与生物领域相关专利申请量快速增长，各种细分特色数据库进一步增加，这给该领域相关专利的检索带来了新的挑战，仅仅利用三大基础综合数据库已无法满足日益增长、涉及新的基因类型专利的检索需要。目前，在基因与生物领域分子标记技术专利申请审查实践中，常常需要根据具体分子标记的类型、物种、用途等检索大量不同的序列数据库。为了更好地提高检索效率，本书对基因与生物领域分子标记案例检索常用的典型序列数据库进行收集、梳理和归纳，具体如下：①综合型数据库，如 NCBI 的 GenBank、UCSC、EMBL 的 Ensembl，为涉及序列的分子标记案例的必检数据库；②基因表达水平数据库，如 GEPIA、GEO，为基因表达差异相关分子标记案例的常用数据库；③肿瘤基因突变数据库，如 COSMIC，为肿瘤相关基因突变分子标记案例的必检数据库；④非编码 RNA 数据库，如 LNCipedia、miRBase、cirBase，为涉及非编码 RNA 相关分子标记案例必检数据库；⑤作物基因组数据库，如 Gramene Database，为作物分子标记案例的常用数据库；⑥专利序列数据库，如中国专利生物序列检索系统，为检索中国专利生物序列的必检数据库。表 2－2－1 显示了基因与生物领域分子标记相关典型序列数据库检索指引，后续章节将提供这些典型数据库的简要介绍、适用场景、检索入口及方式和结果利用及案例。

表 2－2－1　基因与生物领域分子标记相关典型序列数据库

数据库类型	数据库名称	检索指引
综合型数据库	GenBank/NCBI	基因相关信息收录较全面，为序列案例必检数据库。可使用 BLAST、dbSNP、Primer－BLAST 检索。BLAST 可进行序列相似性比对，获取基因信息，dbSNP 包含人类 SNP、SSR 和 InDel 信息，Primer－BLAST 可分析引物靶标和特异性，dSNP 中使用 rs 号/ss 号检索人 SNP 标记效率高
	Ensembl/ENA	基因突变信息收录较全面，为序列案例必检数据库。可基于物种检索，可检索人和其他物种的 SNP、InDel 等突变信息，特别是使用 rs 号/ss 号时检索效率高
	UCSC	脊椎动物和模型生物基因信息较全面，为该类案例必检数据库。可基于基因序列检索基因名称、SNP、SSR、CpG 甲基化位点、临床疾病与特定突变的相关性等
基因表达水平数据库	GEO	收录基因表达数据信息较为全面，特别是高通量芯片检测获得的基因表达数据。可利用基因名称、疾病、基因表达谱序列（GSE）号（追踪检索芯片表达数据信息）等检索
	GEPIA	收录癌症相关基因表达信息，为基因表达水平常用数据库。可检索癌症相关单基因、多基因表达水平分析。适于检索基因标志物的诊断应用相关案例
肿瘤基因突变数据库	COSMIC	癌症基因变异信息收录较全面，为癌症基因突变必检数据库。可检索癌症相关基因甲基化、miRNA、lncRNA 等突变信息

续表

数据库类型	数据库名称	检索指引
非编码RNA数据库	miRBase	收录多个物种的miRNA信息较全面，为miRNA类案例必检数据库。可检索200多个物种的miRNA信息，可利用miRNA名称、序列检索
	LNCipedia	收录人类长链非编码RNA（lncRNA）序列相关信息较全面，为lncRNA案例必检数据库。可检索人类lncRNA名称、产生lncRNA的基因名称、lncRNA的序列
	circBase	收录多个物种的circRNA信息较全面，为circRNA类案例必检数据库。可检索多个物种的circRNA，利用基因名称、基因序列检索
作物基因组数据库	Gramene Database	收录作物相关的基因组信息较为全面，为作物序列必检数据库。可检索多种作物和多种分子标记类型，可利用基因名称、引物、探针位置和序列检索
专利序列数据库	中国专利生物序列检索系统	收录中国国家知识产权局受理的专利申请文件中提取出的生物序列，为中国专利生物序列必检数据库。可利用靶标基因序列、引物/探针序列检索

第三节　综合数据库

一、GenBank/NCBI 数据库

（一）GenBank 简介

GenBank 是美国国立卫生研究院（NIH）维护的基因序列数据库，是所有公共可用 DNA 序列的带注释集合。GenBank 是国际核苷酸序列数据库合作组织的一部分，该组织还包括日本 DNA 数据库（DDBJ）和欧洲核苷酸档案馆（ENA），三个数据库每天交换数据。目前 GenBank 中所有的记录均来自最初作者向数据库直接提交的数据。这些作者将序列数据作为论文的一部分来发表，或将数据直接公开。BLAST 是一组在 Genbank 数据库中进行相似性比较的分析工具。BLAST 程序基于匹配短序列片段，用一种强有力的统计模型来确定未知序列与数据库序列的最佳局部联配，从而迅速与公开数据库进行序列相似性比较，并计算统计显著性。NCBI 的网址是 https：//www. ncbi. nlm. nih. gov/，主界面如图 2 -3 -1 所示。

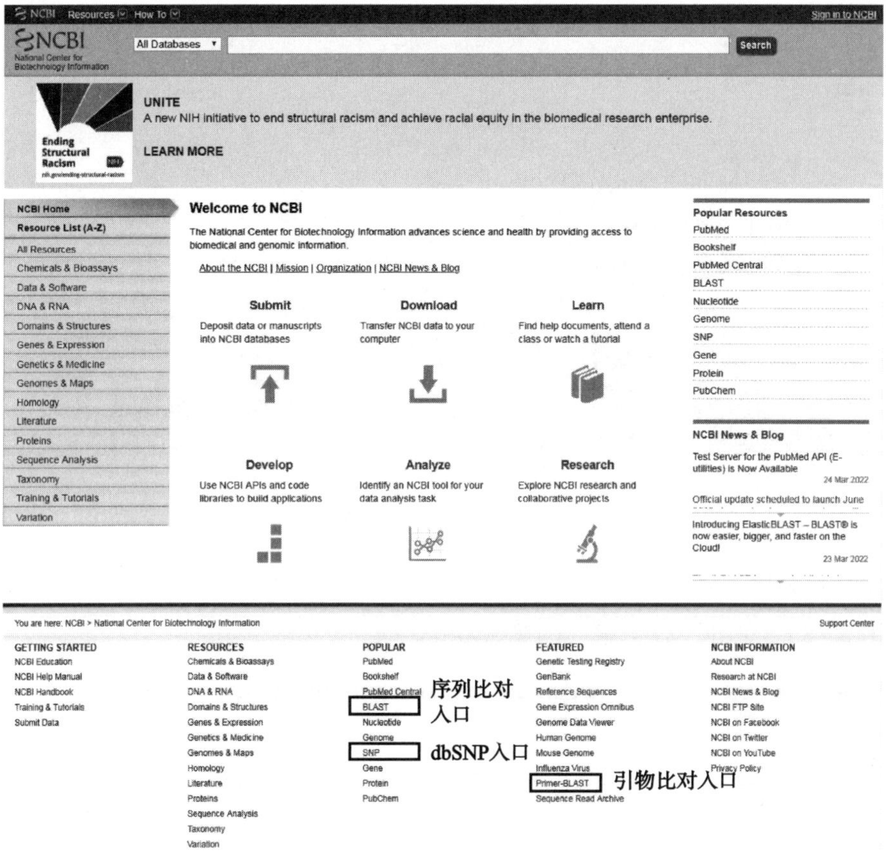

图 2-3-1　NCBI 主界面

（二）适用场景

NCBI 中 GenBank 数据库常用入口包括 BLAST、dbSNP、Primer-BLAST。其中 BLAST 可在 GenBank 数据库中进行序列相似性比对，获取基因信息；dbSNP 包含人类单核苷酸突变、微卫星和小规模插入和缺失信息；Primer-BLAST 可分析引物的扩增片段、分析扩增靶标的特异性。

（三）检索入口方式

1. BLAST

（1）进入 BLAST 界面

图 2-3-2 示出了 BLAST 界面信息，可以根据序列类型选择序列对比入口。

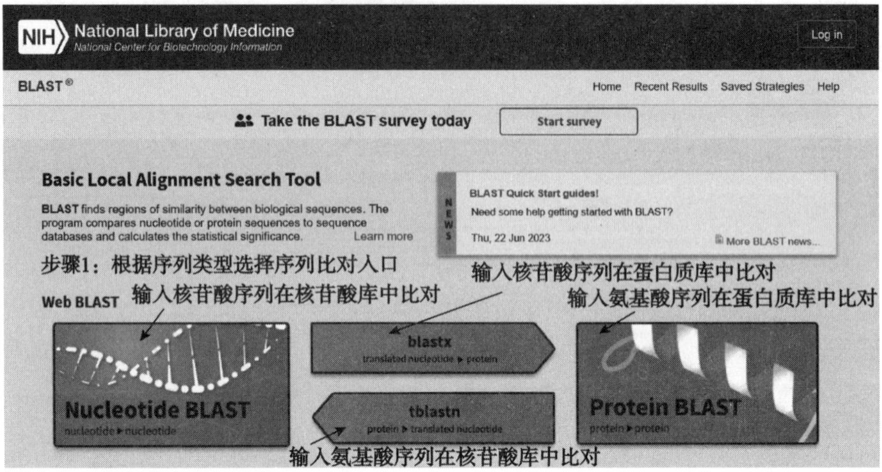

图 2 –3 –2　BLAST 界面信息

（2）序列输入界面

图 2 –3 –3 示出了序列输入的操作步骤。

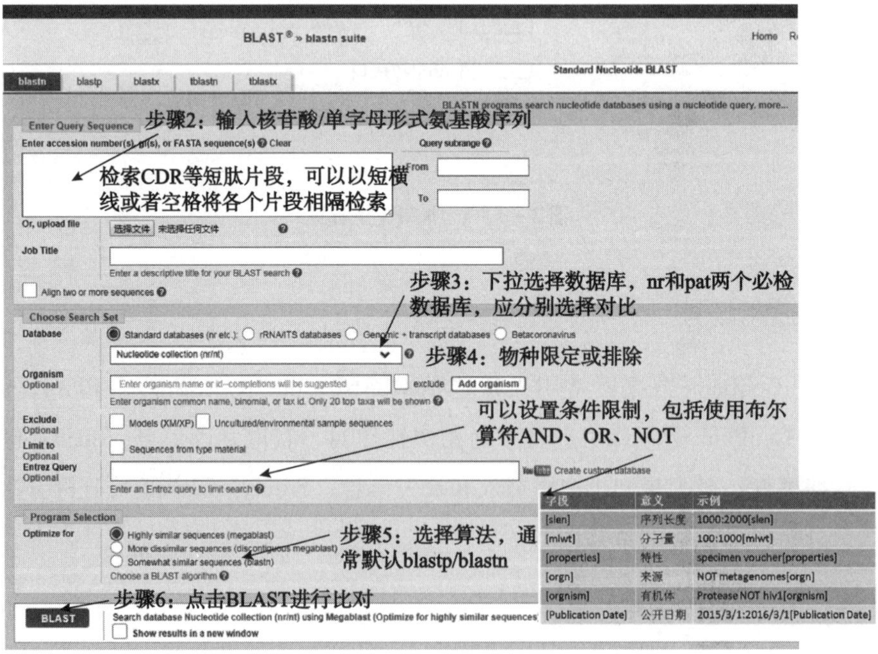

图 2 –3 –3　BLAST 界面序列输入示例

（3）结果界面

图 2 –3 –4 与图 2 –3 –5 分别示出了 BLAST 检索的结果概览和具体比对情况。

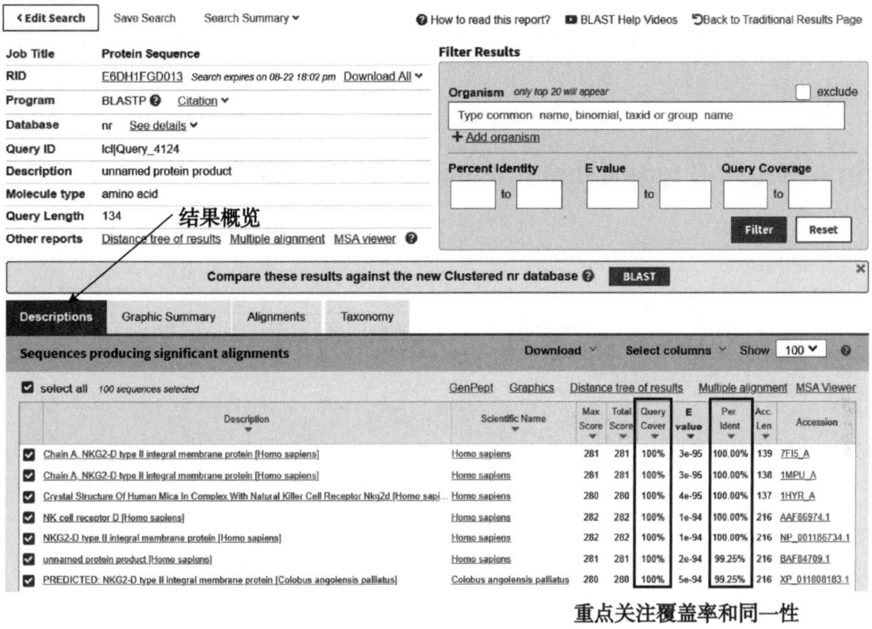

图 2-3-4　BLAST 检索的结果概览示例

图 2-3-5　BLAST 检索的具体比对情况示例

（4）具体序列界面

图2－3－6至图2－3－8示出了BLAST检索具体序列信息示例，可根据需求，查询不同信息。

Chain A, NKG2-D type II integral membrane protein

PDB: 1MPU_A

Identical Proteins　FASTA　Graphics

Go to:

```
LOCUS       1MPU_A                  138 aa            linear   PRI 21-DEC-2022
DEFINITION  Chain A, NKG2-D type II integral membrane protein.
ACCESSION   1MPU_A
VERSION     1MPU_A
DBSOURCE    pdb: molecule 1MPU, chain A, release Dec 21, 2022;
            deposition: Sep 12, 2002;
            class: IMMUNE SYSTEM;
            source: Mmdb_id: 22641, Pdb_id 1: 1MPU;
            Exp. method: X-ray Diffraction.
KEYWORDS    .
SOURCE      Homo sapiens (human)
  ORGANISM  Homo sapiens
            Eukaryota; Metazoa; Chordata; Craniata; Vertebrata; Euteleostomi;
            Mammalia; Eutheria; Euarchontoglires; Primates; Haplorrhini;
            Catarrhini; Hominidae; Homo.
REFERENCE   1  (residues 1 to 138)
  AUTHORS   McFarland,B.J., Kortemme,T., Yu,S.F., Baker,D. and Strong,R.K.
  TITLE     Symmetry recognizing asymmetry: analysis of the interactions
            between the C-type lectin-like immunoreceptor NKG2D and MHC class
            I-like ligands
  JOURNAL   Structure 11 (4), 411-422 (2003)
   PUBMED   12679019
REFERENCE   2  (residues 1 to 138)
  AUTHORS   McFarland,B.J., Kortemme,T., Baker,D. and Strong,R.K.
  TITLE     Direct Submission
  JOURNAL   Submitted (12-SEP-2002)
COMMENT     Crystal Structure of the free human NKG2D immunoreceptor.
FEATURES             Location/Qualifiers
     source          1..138
                     /organism="Homo sapiens"
                     /db_xref="taxon:9606"
     Region          join(1..77,128..138)
                     /region_name="Domain 1"
                     /note="NCBI Domains"
     Bond            bond(18,27)
                     /bond_type="disulfide"
     Region          21..135
                     /region_name="CLECT_NK_receptors_like"
                     /note="C-type lectin-like domain (CTLD) of the type found
                     in natural killer cell receptors (NKRs); cd03593"
                     /db_xref="CDD:153063"
```

当前版本公开日期

GenBank登录号

关注REFERENCE一栏，可能存在相关发表的文章

关注FEATURES一栏，可能存在结构域、功能域信息

图2－3－6　BLAST检索具体序列信息示例一

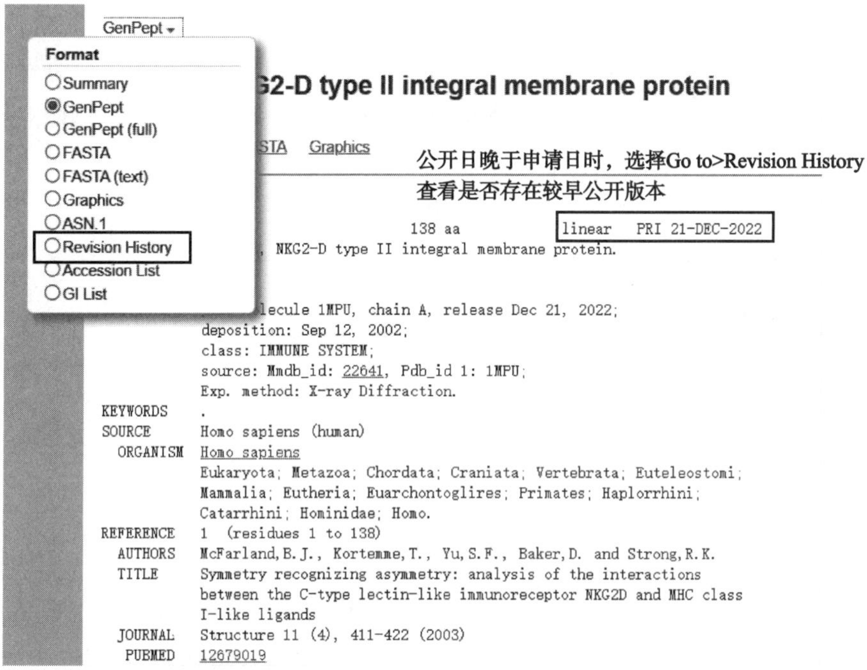

图 2-3-7 BLAST 检索具体序列信息示例二

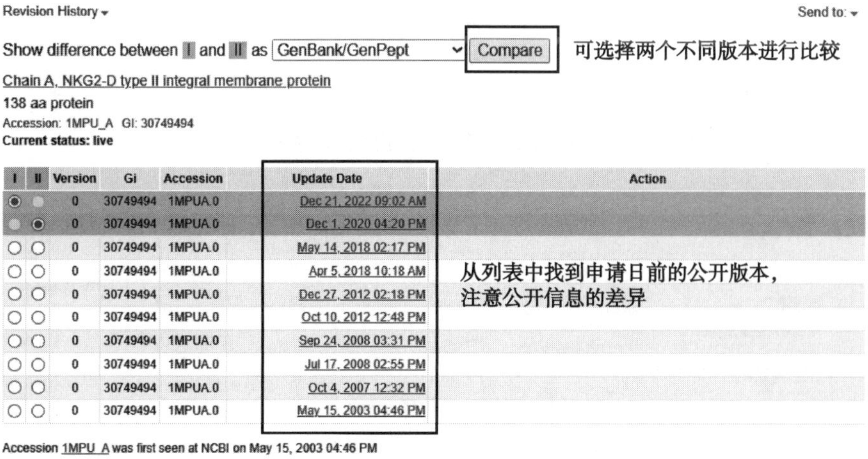

图 2-3-8 BLAST 检索具体序列信息示例三

2. Primer-BLAST

（1）进入 Primer-BLAST 界面输入引物序列

图 2-3-9 示出了 Primer-BLAST 界面信息，并给出相关按键的说明。

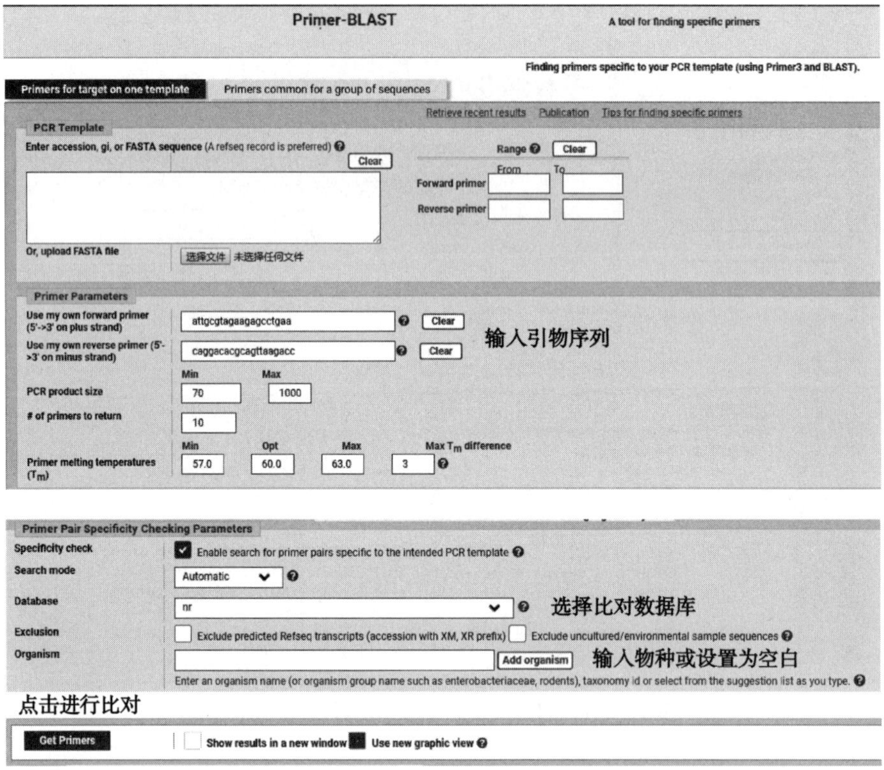

图 2-3-9　Primer-BLAST 界面信息

（2）结果界面

图 2-3-10 示出了 Primer-BLAST 检索的结果界面。

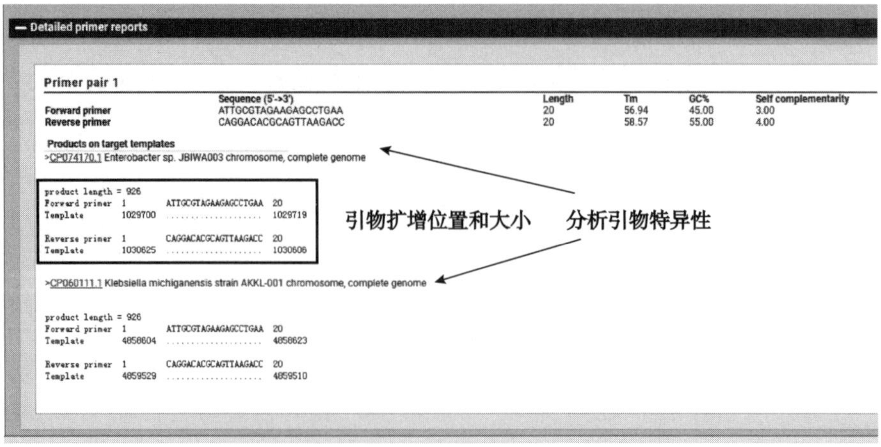

图 2-3-10　Primer-BLAST 检索结果界面

3. dbSNP

dbSNP 适合查找人类的 SNP 数据，已不再提供查询人类以外其他物种的 SNP 位点信息，主要包括以下检索方式：通过 rs 号查找（如涉案专利说明书中披露了具体的 rs 号）、通过染色体的物理位置查找（如涉案专利说明书中披露了物理位置可直接查找，未披露物理位置可通过基因序列 BLAST 或引物序列 Primer – BLAST 获取物理位置后查找）。

（1）通过 rs 号查找

通过 rs 号查找 SNP 数据的过程如图 2 –3 –11 所示。具体 SNP 信息及获取公开日期的方式如图 2 –3 –12 所示。

图 2 –3 –11　dbSNP 检索中通过 rs 号查找界面

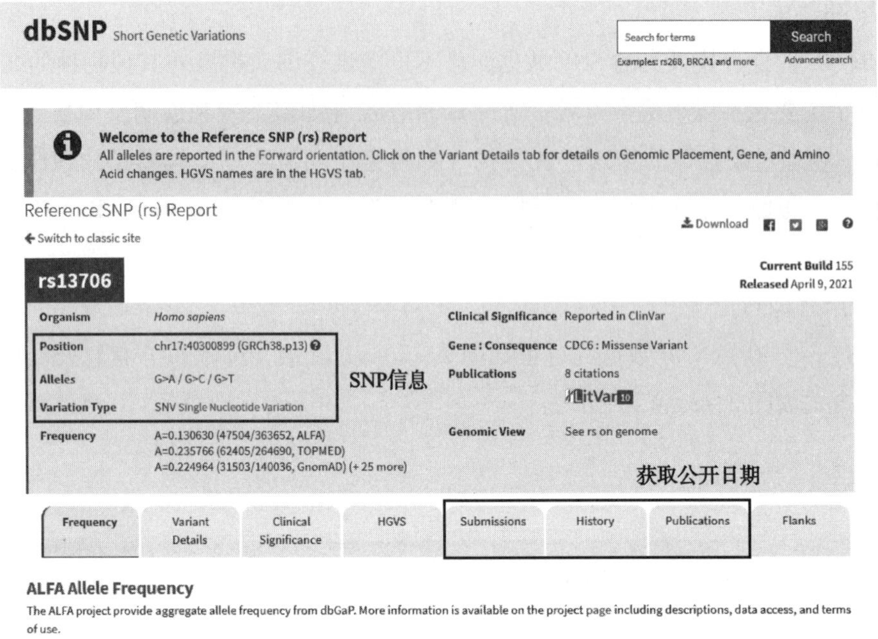

图 2-3-12　SNP 信息具体示例

（2）通过染色体的物理位置查找

SNP 信息界面下拉点击进入 Variation Viewer（或直接通过 dbSNP 中 Variation Viewer 入口 https：//www. ncbi. nlm. nih. gov/variation/view/进入），通过物理位置查找 SNP 信息。具体操作如图 2-3-13 与图 2-3-14 所示。

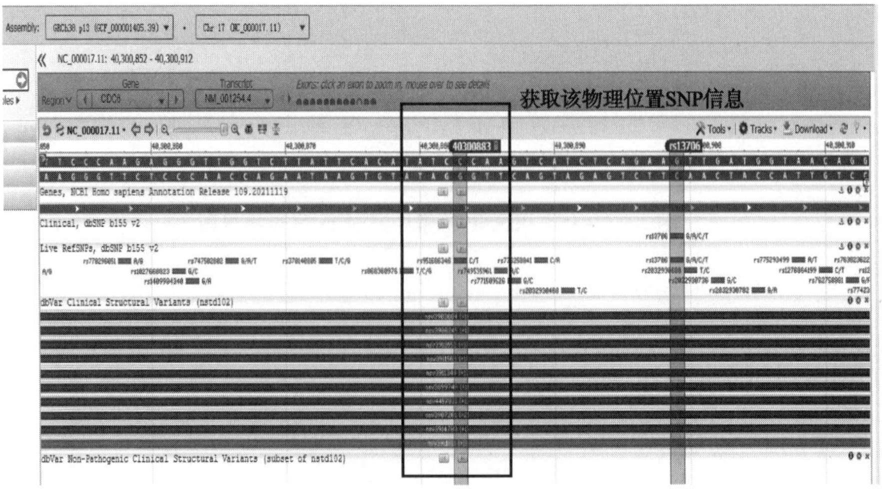

图 2-3-13　通过染色体的物理位置查找 SNP 信息示例

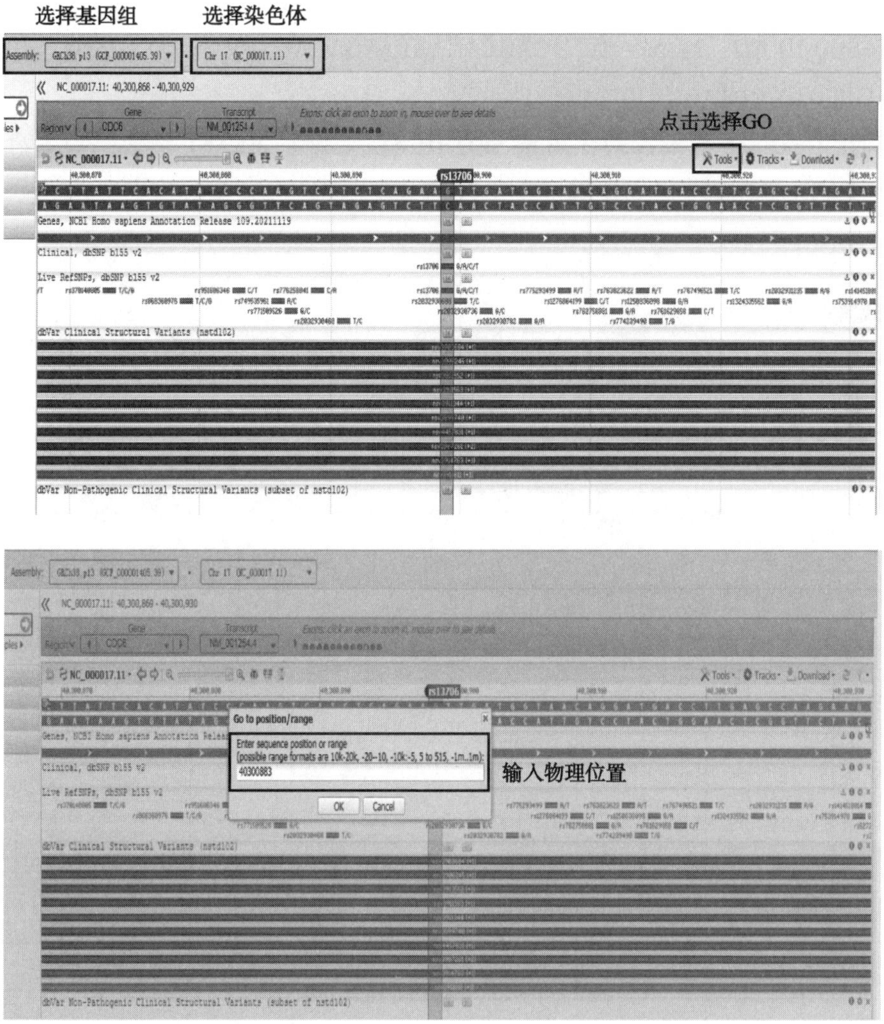

图 2－3－14　通过染色体的物理位置查找 SNP 信息步骤示例

（四）结果利用及案例

案例 2－3－1

该申请涉及一种脊尾白虾感染 WSSV 后检测健康状态 LAMP 检测引物及体系与方法。该申请针对脊尾白虾 EcTPI 基因设计 qPCR 检测引物，用于检测脊尾白虾健康状态，所述健康状态是以 WSSV 感染前后 EcTPI 基因转录水平显著变化为指标，EcTPI 基因的核苷酸序列如序列表 SEQ ID NO. 1 所示。该申请权利要求节选如下：

1. 脊尾白虾感染 WSSV 后检测健康状态的检测引物，所述引物核苷酸序列信息如下：SEQ ID NO：2：5′－TCGTCAGCAGAACATGACAG－3′，SEQ ID NO：3：5′－GCCACTTTGTCGCTAACGT－3′。

利用 GenBank 数据库对该申请 SEQ ID NO. 1 进行 BLAST 检索，检索过程如图 2－3－15 与图 2－3－16 所示。

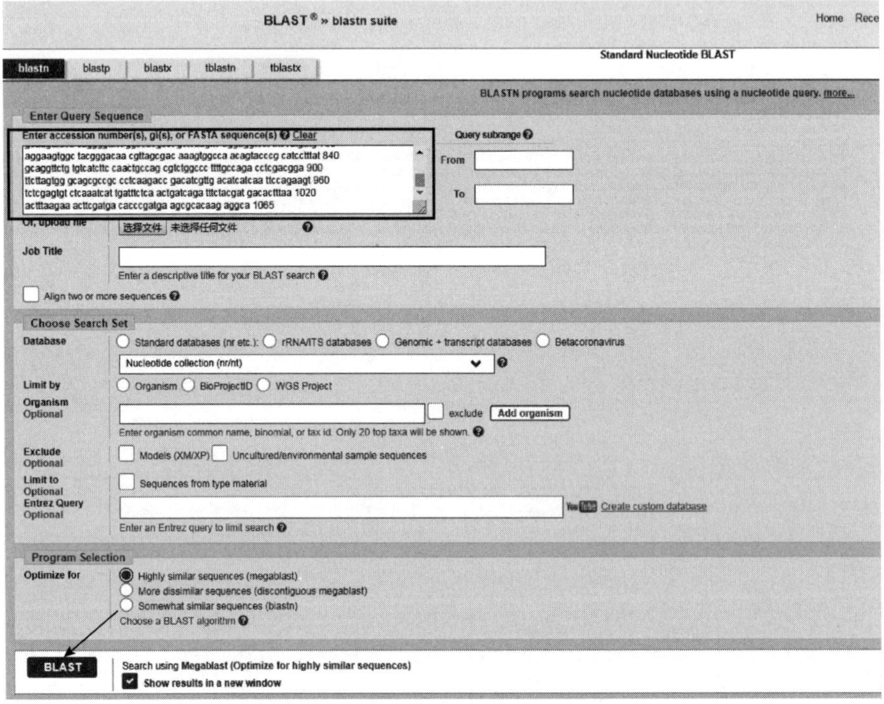

图 2－3－15　BLAST 检索界面一

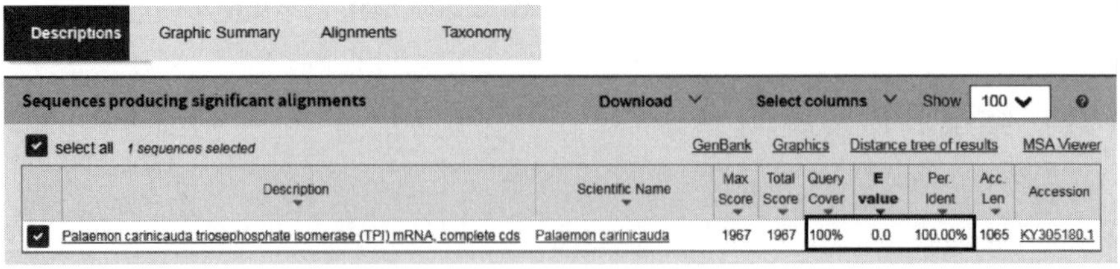

图 2－3－16　BLAST 检索界面二

获得 1 个比对结果，序列相似性 100%，点击查看序列具体信息，其中，TITLE 一栏显示相关发表的文章，在 PubMed 中确定文章公开日期，具体如图 2－3－17 与图 2－3－18 所示。

Palaemon carinicauda triosephosphate isomerase (TPI) mRNA, complete cds

GenBank: KY305180.1

FASTA Graphics

```
LOCUS       KY305180                1065 bp    mRNA    linear   INV 18-FEB-2017
DEFINITION  Palaemon carinicauda triosephosphate isomerase (TPI) mRNA, complete
            cds.
ACCESSION   KY305180
VERSION     KY305180.1
KEYWORDS    .
SOURCE      Palaemon carinicauda
  ORGANISM  Palaemon carinicauda
            Eukaryota; Metazoa; Ecdysozoa; Arthropoda; Crustacea;
            Multicrustacea; Malacostraca; Eumalacostraca; Eucarida; Decapoda;
            Pleocyemata; Caridea; Palaemonoidea; Palaemonidae; Palaemon.
REFERENCE   1  (bases 1 to 1065)
  AUTHORS   Liu,F., Li,S., Liu,G. and Li,F.
  TITLE     Triosephosphate isomerase (TPI) facilitates the replication of WSSV
            in Exopalaemon carinicauda
  JOURNAL   Dev. Comp. Immunol. 71, 28-36 (2017)
   PUBMED   28126554
REFERENCE   2  (bases 1 to 1065)
  AUTHORS   Li,F., Liu,F. and Li,S.
  TITLE     Direct Submission
  JOURNAL   Submitted (06-DEC-2016) Key Lab. of Experimental Marine Biology,
            Institute of Oceanology, Chinese Academy of Sciences, Nanhai Road
            7, Qingdao, Shandong 266071, P.R. China
COMMENT     ##Assembly-Data-START##
            Assembly Method       :: Trinity v. 3.1
            Sequencing Technology :: Illumina; Sanger dideoxy sequencing
            ##Assembly-Data-END##
FEATURES             Location/Qualifiers
     source          1..1065
                     /organism="Palaemon carinicauda"
                     /mol_type="mRNA"
                     /db_xref="taxon:392227"
     gene            1..1065
                     /gene="TPI"
                     /note="EcTPI"
     5'UTR           1..213
                     /gene="TPI"
```

图 2-3-17 BLAST 检索结果信息一

```
     CDS             214..1020
                     /gene="TPI"
                     /codon_start=1
                     /product="triosephosphate isomerase"
                     /protein_id="AQP25541.1"
                     /translation="MSNNRKFFVIGNWKMNVNKAKIDSIVKIMSNASLDSNTEAVVGC
                     PSCYLSYARQQLPPGISVAAQNCYKVSRGNFSGEISPEMIQECGGDWVIIGHPERRTV
                     FGEKDDFIQEKMAHAQEAGIKVIACVCETQEDRQQNMTEEILQSQMASLASAITDWSR
                     VVLAFEALWASNTGVLATPAQVQEVLSMMRKWLRDNVSDKVANSTRILYAGSVSSSNC
                     QRLALLPDLDGFLVGSAALKTDIVDIINSRSSRVSQIIDFSTDQISTMTL"
     3'UTR           1021..1065
                     /gene="TPI"
ORIGIN
        1 gacaaatcgt gagacgatca atatctacat tagagatttg tattagctcc tttcaacaag
       61 atttcttata caatactctt gcgcagatta agttcacttg cttcgtactt taatttactt
      121 cgtcagacca aatacgttgg gtttataaca tccacaactg cgtttagaat tttagtaatt
      181 actaagaaaa aaaaaaaaag cttagatatc accatgtcga acaacagaaa gtttttcgtt
      241 atcggaaact ggaaaatgaa tgtgaacaag gctaaaattg actccattgt aaagatcatg
      301 tcaaacgcct cactggattc caacactgag gccgtggttg gatgcccctc gtgttacctt
      361 tcttatgccc gacagcagct tcctccagga atcagtgtgg ctgctcaaaa ttgttacaag
      421 gtgtcccgtg gaaacttcag tggtgaaata tctcctgaaa tgatccagga atgcggaggg
      481 gattgggtta ttatcggtca tccagaaaga agaaccgttt ttggagaaaa ggatgacttc
      541 atacaggaaa agatggcgca tgcccaggag gctggcatca aagtgatagc ttgtgtttgc
      601 gaaacgcaag aagatcgtca gcagaacatg acagaggaaa tcctccagtc ccaaatggca
      661 tctttggcct cggccattac cgactggtct cgagtagtac tggccttcga agccctttgg
      721 gcaagtaaca caggggtact ggccacgcct gctcaagttc aggaggtcct atccatgatg
      781 aggaagtggc tacgggacaa cgttagcgac aaagtggcca acagtacccg catcctttat
      841 gcaggttctg tgtcatcttc caactgccag cgtctggccc ttttgccaga cctcgacgga
      901 ttcttagtgg gcagcgccgc cctcaagacc gacatcgttg acatcatcaa ttccagaagt
      961 tctcgagtgt ctcaaatcat tgatttctca actgatcaga tttctacgat gacactttaa
     1021 actttaagaa acttcgatga cacccgatga agcgcacaag aggca
//
```

图 2-3-18 BLAST 检索结果信息二

综上，获得对比文件1：*Triosephosphate isomerase（TPI）facilitates the replication of WSSV in Exopalaemon carinicauda*。对比文件1公开了qPCR检测感染WSSV后脊尾白虾EcTPI基因的表达量的引物，引物扩增区域与该申请引物扩增区域重叠，可用于评述权利要求的创造性。

二、Ensembl/ENA数据库

（一）Ensembl简介

Ensembl是一种能够对真核生物基因组进行自动诠释（automatic annotation）并加以维护的软件。该计划由英国维康基金桑格研究院及欧洲分子生物学实验室所属分部欧洲生物信息研究所共同协作运营。Ensembl Genomes的关键特性是其图形界面，允许用户滚动浏览基因组并观察特征的相对位置，例如概念注释（例如基因、SNP基因座）、序列模式（例如重复）和实验数据（例如序列和映射到基因组的外部序列特征）。Ensembl Genomes包含在该站点上的基因组被认为是具有科学重要性的基因组。每个站点包含以下数量的物种：①Ensembl的细菌分部现在包含已完全测序、注释并提交给国际核苷酸序列数据库协作组织（欧洲核苷酸档案、GenBank和日本DNA数据库）的所有细菌基因组，当前数据集包含44 048个基因组；②Ensembl Fungi包含1014个基因组；③Ensembl Metazoa包含78个无脊椎动物基因组；④Ensembl Plants包含67个基因组；⑤Ensembl Protists包含237个基因组；⑥Ensembl主站点包含236个脊椎动物物种的基因组，其网址为https：//www. ensembl. org/index. html，主界面如图2－3－19所示。

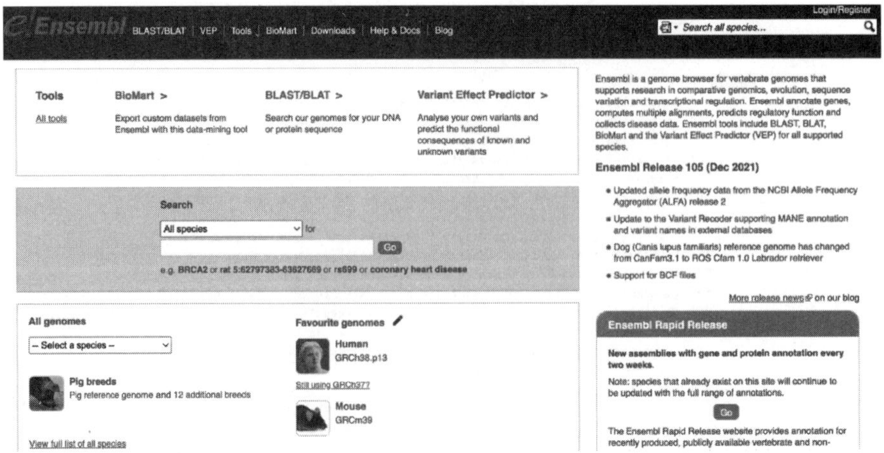

图2－3－19　Ensembl主站点界面

注意，Ensembl 主站点下无法通过物种查找获得非脊椎动物的基因组页面，非脊椎动物的基因组站点需要通过相应的 Ensembl 数据集获取，如需要通过 Ensembl Plants 数据集中获取玉米的基因组页面。以 Ensembl Plants 为例，网址如下：https：//plants. ensembl. org/index. html，界面如图 2－3－20 所示。

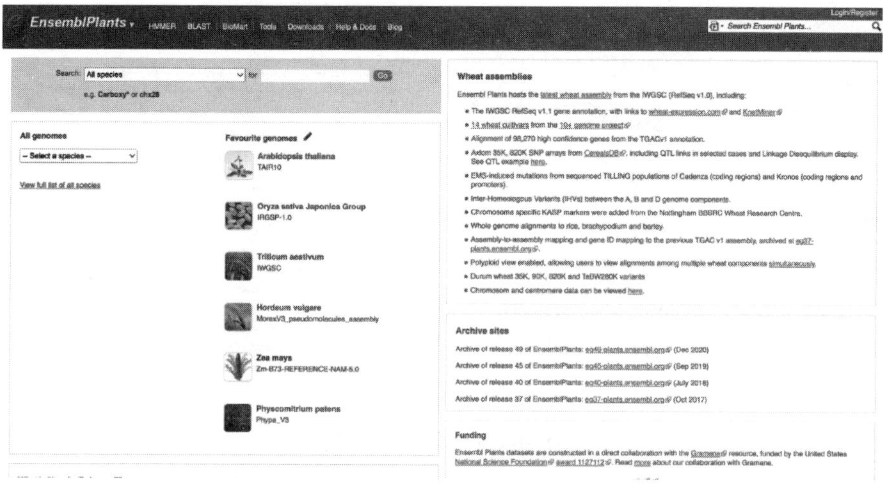

图 2－3－20 Ensembl Plants 界面

（二）适用场景

Ensembl 适合查找人类以外其他物种的 SNP 数据。NCBI 的 dbSNP 和 dbVar 数据库从 2017 年开始移出人类以外其他物种的变异数据信息，例如，从 2017 年 9 月 1 日开始，dbSNP 网页不再提供查询人类以外其他物种的 SNP 位点信息。

（三）检索入口及方式

1. Ensembl 中提供的检索方式

Ensembl 的检索方式有以下几种：通过 rs 号查找、染色体的物理位置、碱基序列 BLAST；如申请文件仅公开引物序列，可基于具体引物在 NCBI 的 Primer－BLAST 中获得其在相应基因组中的序列及染色体位置。基于玉米查询靶标区域的 SNP 位点的步骤示例如图 2－3－21 至图 2－3－28 所示。

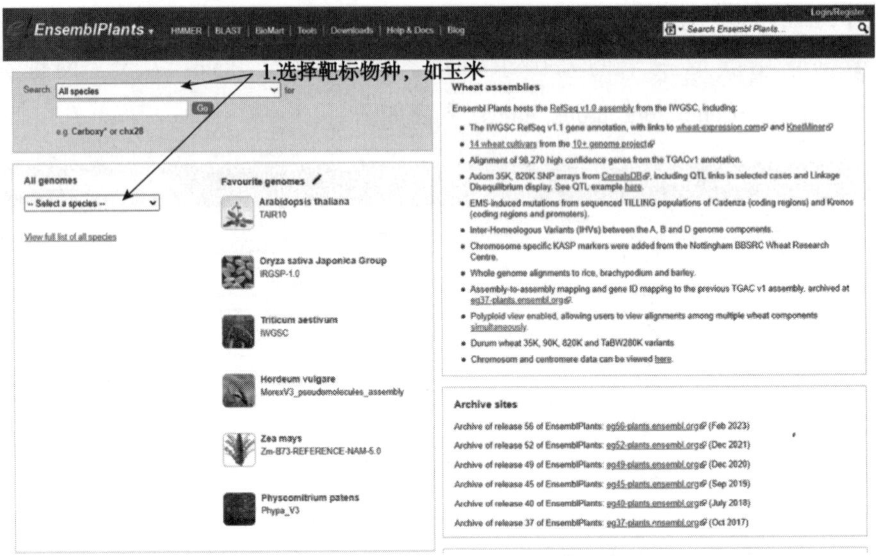

图 2-3-21　Ensembl Plants 查询玉米靶标区域 SNP 位点步骤一

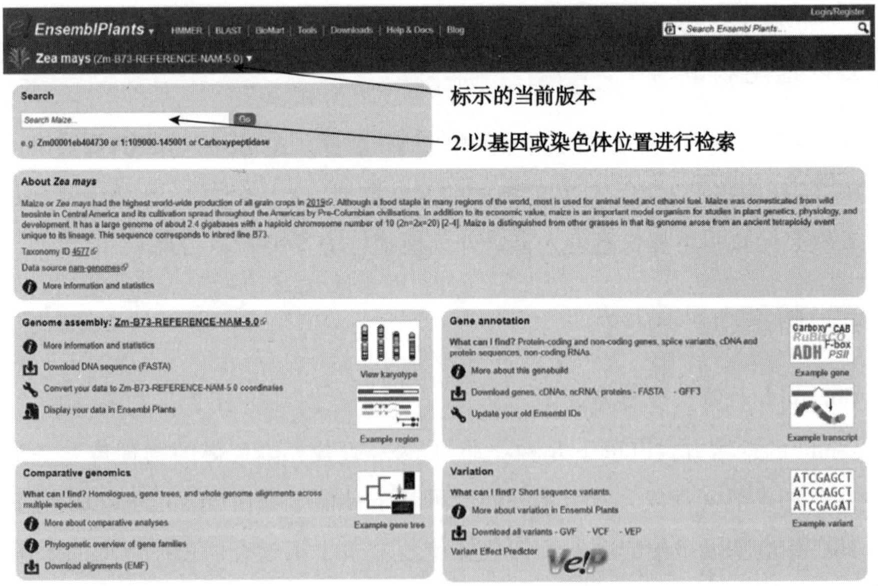

图 2-3-22　Ensembl Plants 查询玉米靶标区域 SNP 位点步骤二

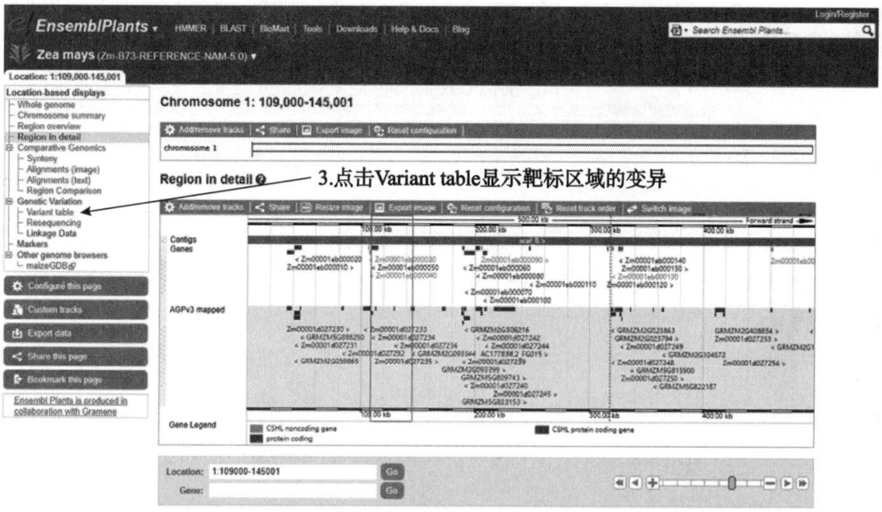

图 2-3-23 Ensembl Plants 查询玉米靶标区域 SNP 位点步骤三

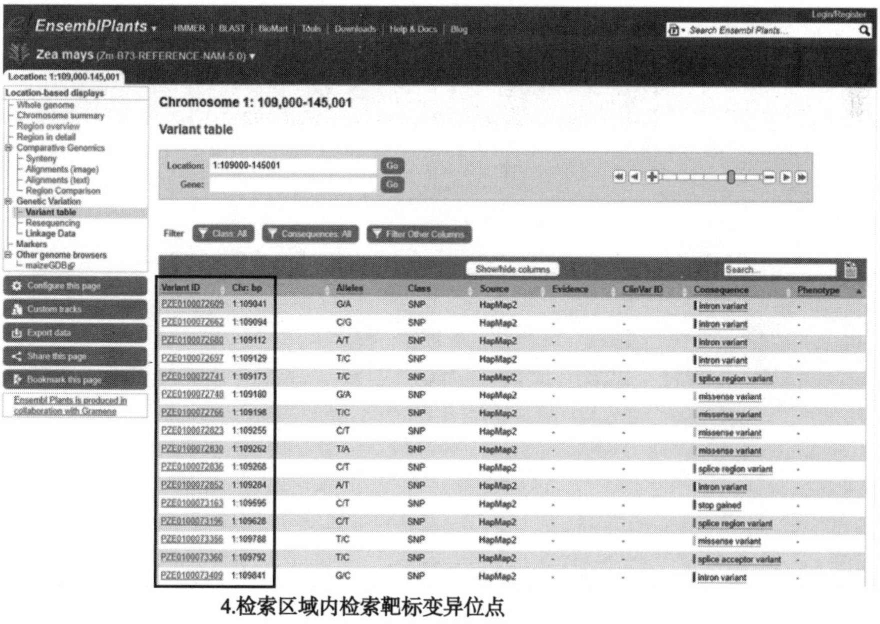

图 2-3-24 Ensembl Plants 查询玉米靶标区域 SNP 位点步骤四

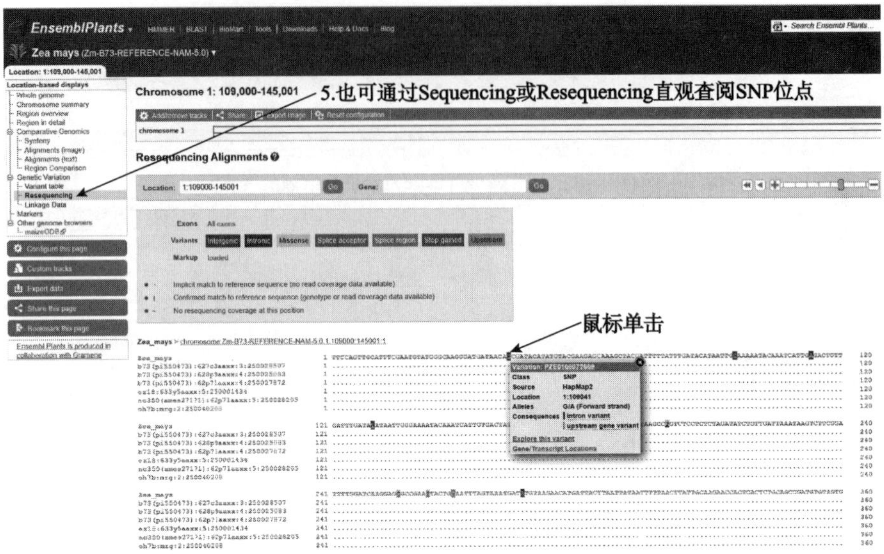

图 2 -3 -25　Ensembl Plants 查询玉米靶标区域 SNP 位点步骤五

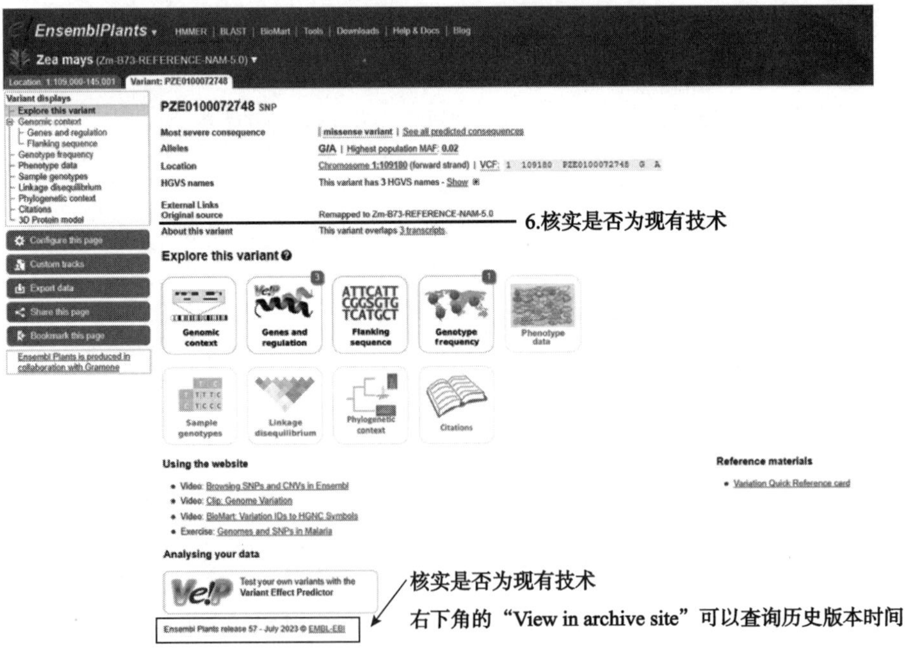

图 2 -3 -26　Ensembl Plants 查询玉米靶标区域 SNP 位点步骤六

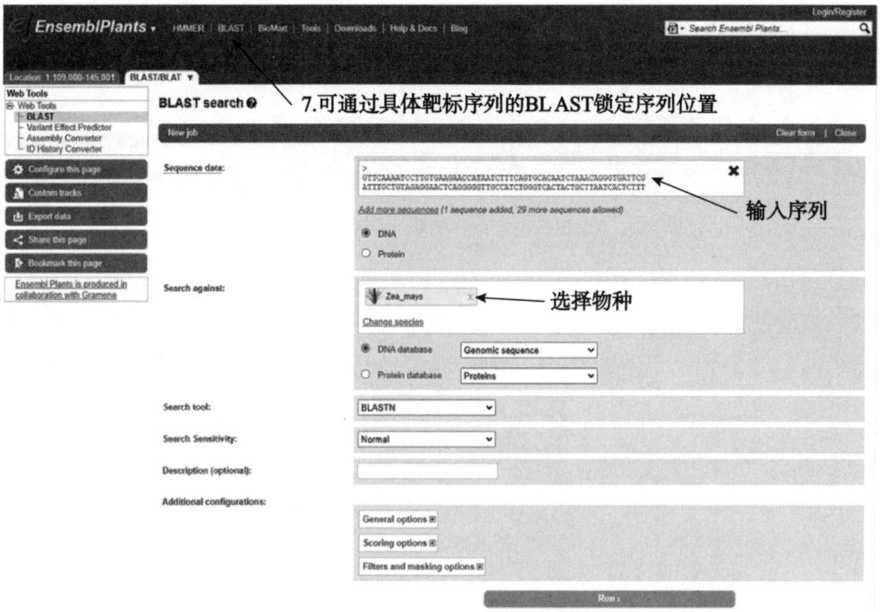

图 2－3－27　Ensembl Plants 查询玉米靶标区域 SNP 位点步骤七

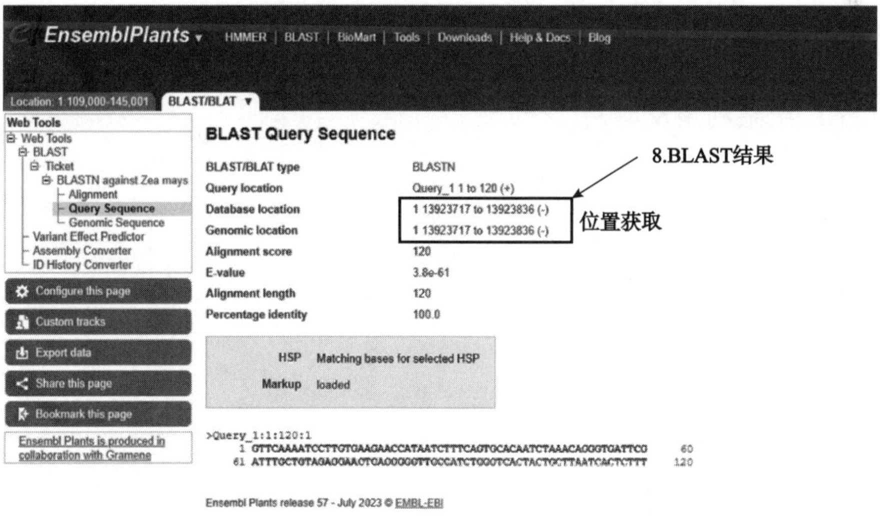

图 2－3－28　Ensembl Plants 查询玉米靶标区域 SNP 位点步骤八

2. Ensembl 数据库工具

Ensembl 数据库提供多种工具分析，可以进行序列比对及对突变功能的预测，其入口和相应功能介绍如图 2－3－29 所示。

图 2－3－29　Ensembl 数据库工具

（四）结果利用及案例

案例 2－3－2

其涉及一种与澳洲白绵羊毛发粗细极显著相关的 SNP 标记。该申请的权利要求节选如下：

1. 一种与澳洲白绵羊毛发粗细极显著相关的 SNP 标记，其特征在于：所述标记存在 A 和 G 两种等位基因，位于国际绵羊基因组 Oar_v4.025 号染色体上第 7270707 核苷酸位点 Chr25：7270707。

在 Eesembl 主站点中选择 sheep 进入绵羊基因组页面，基于以上染色体位置检索到权利要求 1 中 SNP 位点的登录号：rs410738042（参见图 2－3－30），核实其公开时间为 2017 年 2 月 3 日（根据图中所记录的来源为 dbSNP 150 版本，可确定其公开时间），为现有技术。因此可以作为 X 文件评述权利要求 1 的新颖性。

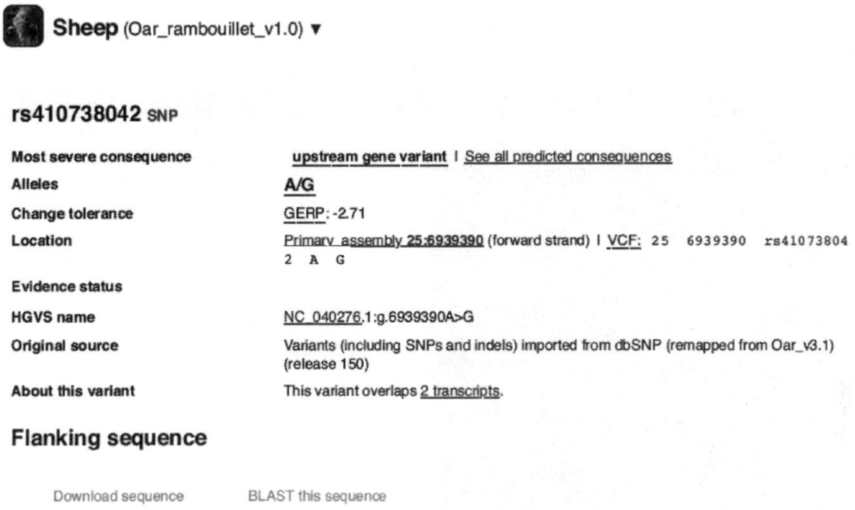

图 2-3-30　rs410738042 登录号的具体信息

注意，针对具体的靶标 SNP 位点，利用 Ensembl 在相应区段内未检索到靶标位点，并不一定代表其未被公开。例如，某案涉及一种与辣椒辣味相关的 SNP 标记及其应用。在 Ensembl 辣椒基因组页面的具体区段内未检索到靶标 SNP 位点，但是利用关键词查看最相关的文献，获得现有技术文献❶，其公开了靶标 SNP 位点。

三、UCSC 数据库

（一）UCSC 简介

UCSC 基因组浏览器由 University of California Santa Cruz（UCSC）基因组学研究所开发和维护。该网站已发展为包括大量脊椎动物和模型生物基因组序列上对应区域的各种注释信息的网站，包括表型与文献、mRNA 与表达序列标签（EST）、基因表达、调控、比较基因组学、SNP 位点、重复序列等。可使用的模块有基因功能介绍（Gene Sorter）、序列比对（blat）、模拟 PCR（In - SilicoPCR）、不同版本基因组间染色体位置转换（LiftOver）、查找启动子序列等。网址为 http：//genome -

❶ GARCÉS - CLAVER A，FELLMAN S M，GIL - ORTEGA R，et al. Identification，validation and survey of a single nucleotide polymorphism（SNP）associated with pungency in Capsicum spp. ［J］. Theoretical and Applied Genetics，2017，115（7）：907 -916.

asia. ucsc. edu/index. html，主界面如图 2 –3 –31 所示。

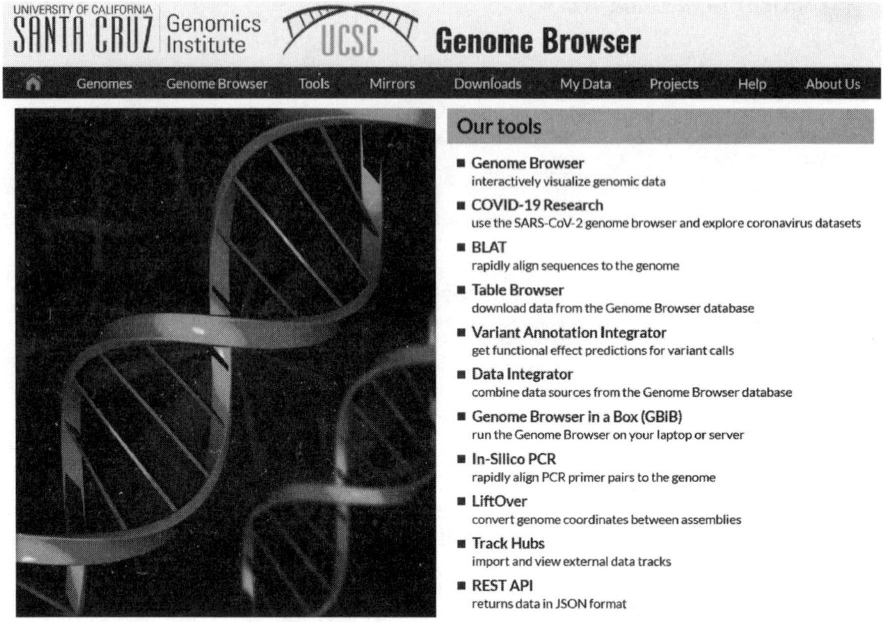

图 2 –3 –31　UCSC 主界面

更多的功能和使用方法可参见网络版指南：https：//www. nature. com/scitable/ebooks/guide – to – the – ucsc – genome – browser – 16569863/contents/。

（二）适用场景

UCSC 数据库适用的物种为脊椎动物和模型生物，可检索的基因信息有：基因名称、氨基酸序列、SNP 分子标记、SSR 分子标记、CpG 甲基化位点、临床疾病与特定突变的相关性。其特点是可以基于基因（序列）区段进行检索：基于引物序列定位其扩增的基因区段，基于基因区段查找相应区段存在的基因名称、氨基酸序列、SNP 位点、CpG 及 SSR。

（三）检索入口及方式

（1）打开 UCSC，把鼠标置于导航条的 Genomes 选项处，如图 2 –3 –32 所示。

图 2 –3 –32　UCSC 导航条

（2）在下拉菜单中找到所关注的物种基因组并点击，或者从 Genomes 下的 Genome Archive GenArk 中跳转到各大类物种页面，选中物种后进入所选物种基因组版本的主页面。下面以人基因组为例进行说明。

直接从下拉菜单中进入 Human GRCh38/hg38，在“查找框”内可以输入基因名称、染色体物理位置区域、关键词等信息进行查找，输入框旁边提供了“examples”进行示例，如图 2－3－33 所示。

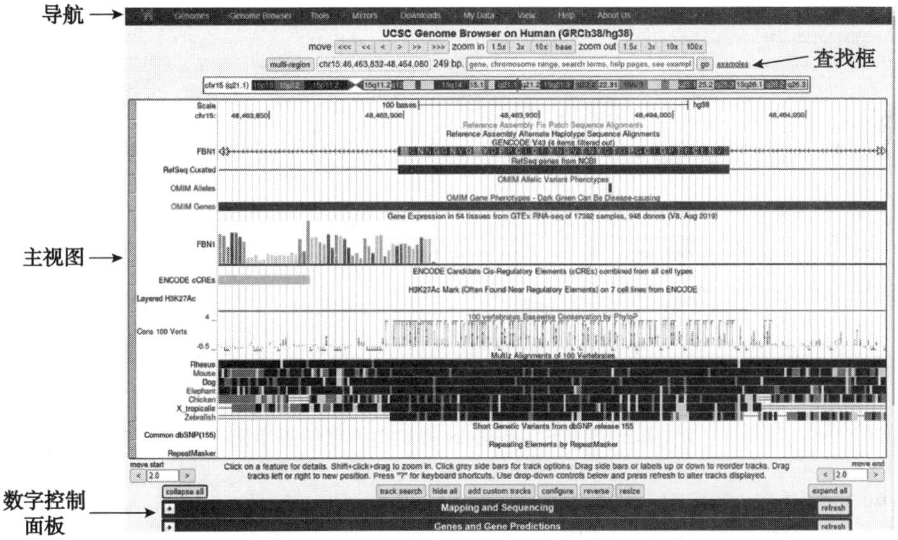

图 2－3－33　UCSC 检索示例

一般来说，在主视图已显示多个默认栏目块，代表默认选项中已选择的数据集的图形化展示数据，例如显示相应区段存在的基因名称、氨基酸序列。若所选区段较短还同时显示核苷酸序列，显示区段（所选区段较短时）该数据库中已收录的 SNP 位点、CpG 及 SSR，如图 2－3－34 所示。

图 2－3－34　所选区段示例

“视图”数据集可以进行调整：滚动到下部的数据控制面板，打开数据集；选中数据，并选择显示方式，例如在 Phenotype and literature 一栏中将 ClinVar Variants 选项修改为 full；选好数据后，点击 refresh 按钮，刷新后数据会显示到主浏览窗，可以看到刷新后的主页面多出一组与临床疾病相关的突变信息。同时，在数据集相应栏目块中鼠标右击后选择下拉菜单 hide 选项，可隐藏主视图中不关注的数据集。

鼠标悬停在相应的信息处可看到简单的数据介绍，点击后跳转至数据链接页面。例如对所关注的 SNP，点击相应的 rs 号后跳转页面上有该位点的具体突变信息、数据收录更新的时间（参见图 2-3-35），部分位点有公开相关文献的链接。

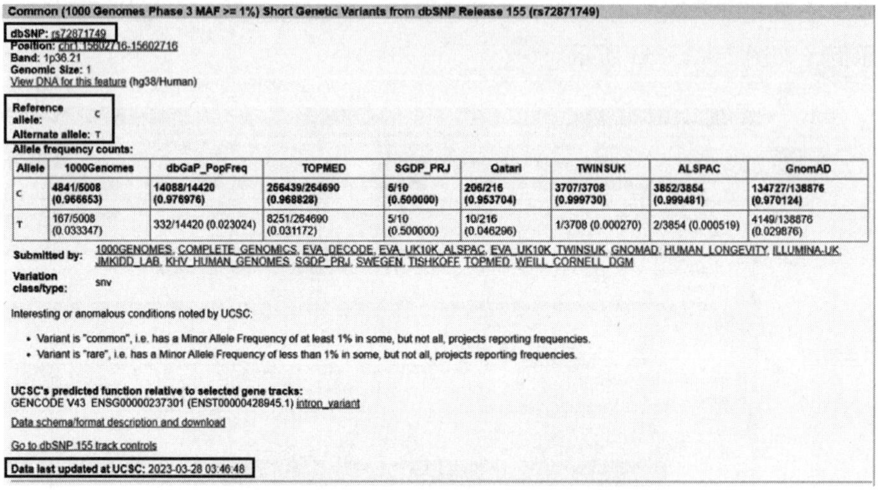

图 2-3-35　点击 rs 号跳转页面信息示例

（3）以苹果基因组为例进行说明，苹果基因组数据需从 Genomes 词条下的 Genome Archive GenArk 中跳转。具体参见图 2-3-36 和图 2-3-37。

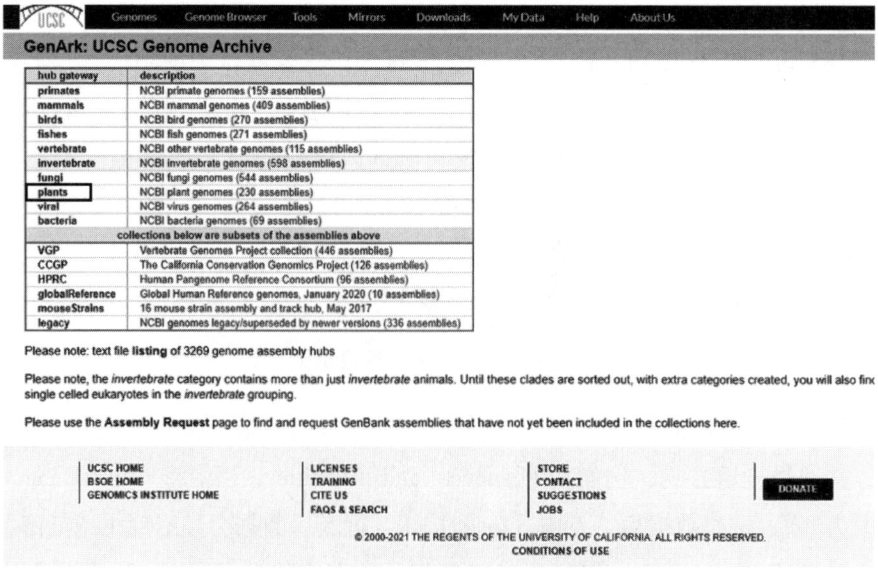

图 2-3-36　UCSC 查询苹果基因组示例一

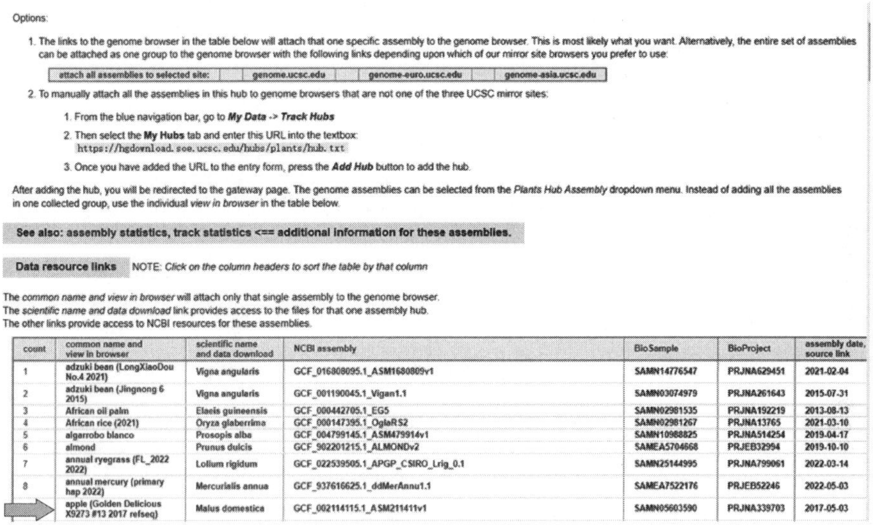

Options:

1. The links to the genome browser in the table below will attach that one specific assembly to the genome browser. This is most likely what you want. Alternatively, the entire set of assemblies can be attached as one group to the genome browser with the following links depending upon which of our mirror site browsers you prefer to use:

attach all assemblies to selected site:	genome.ucsc.edu	genome-euro.ucsc.edu	genome-asia.ucsc.edu

2. To manually attach all the assemblies in this hub to genome browsers that are not one of the three UCSC mirror sites:
   1. From the blue navigation bar, go to ***My Data -> Track Hubs***
   2. Then select the **My Hubs** tab and enter this URL into the textbox: `https://hgdownload.soe.ucsc.edu/hubs/plants/hub.txt`
   3. Once you have added the URL to the entry form, press the ***Add Hub*** button to add the hub.

After adding the hub, you will be redirected to the gateway page. The genome assemblies can be selected from the *Plants Hub Assembly* dropdown menu. Instead of adding all the assemblies in one collected group, use the individual *view in browser* in the table below.

See also: assembly statistics, track statistics <== additional information for these assemblies.

Data resource links NOTE: *Click on the column headers to sort the table by that column*

The *common name and view in browser* will attach only that single assembly to the genome browser.
The *scientific name and data download* link provides access to the files for that one assembly hub.
The other links provide access to NCBI resources for these assemblies.

count	common name and view in browser	scientific name and data download	NCBI assembly	BioSample	BioProject	assembly date, source link
1	adzuki bean (LongXiaoDou No.4 2021)	Vigna angularis	GCF_016808095.1_ASM1680809v1	SAMN14776547	PRJNA629451	2021-02-04
2	adzuki bean (Jingnong 6 2015)	Vigna angularis	GCF_001190045.1_Vigan1.1	SAMN03074979	PRJNA261643	2015-07-31
3	African oil palm	Elaeis guineensis	GCF_000442705.1_EG5	SAMN02981535	PRJNA192219	2013-08-13
4	African rice (2021)	Oryza glaberrima	GCF_000147395.1_OglaRS2	SAMN02981267	PRJNA13765	2021-03-10
5	algarrobo blanco	Prosopis alba	GCF_004799145.1_ASM479914v1	SAMN10988825	PRJNA514254	2019-04-17
6	almond	Prunus dulcis	GCF_902201215.1_ALMONDv2	SAMEA5704668	PRJEB32994	2019-10-10
7	annual ryegrass (FL_2022 2022)	Lolium rigidum	GCF_022539505.1_APGP_CSIRO_Lrig_0.1	SAMN25144995	PRJNA799061	2022-03-14
8	annual mercury (primary hap 2022)	Mercurialis annua	GCF_937616625.1_ddMerAnnu1.1	SAMEA7522176	PRJEB52246	2022-05-03
	apple (Golden Delicious X9273 #13 2017 refseq)	Malus domestica	GCF_002114115.1_ASM211411v1	SAMN05603590	PRJNA339703	2017-05-03

图 2-3-37　UCSC 查询苹果基因组示例二

（4）常用 UCSC 工具点击导航中的 Tools，进入如图 2-3-38 所示工具界面。

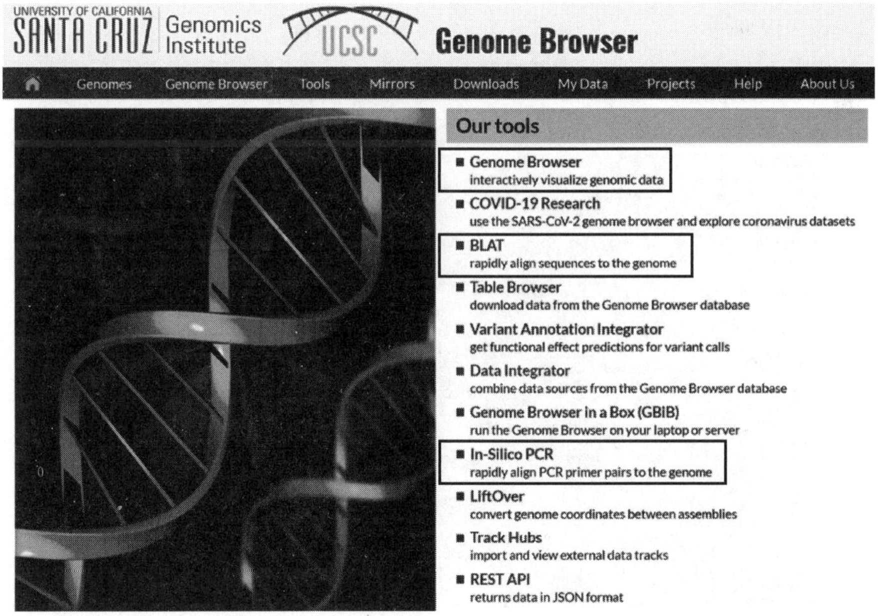

图 2-3-38　UCSC Tools 界面

其中，常用工具有：Genome Browser（整合基因组数据和各种注释数据的在线查看系统）、BLAT（序列比对工具）、In-Silico PCR（查看一对引物在基因组中的位置）。

（四）结果利用及案例

案例2-3-3

该申请涉及一种乌骨鸡肤色性状相关的 SNP 分子标记及应用。其对家鸡基因组（NC_006107.3）20 号染色体的 Fm 基因区段进行单核苷酸多态性检测，得到 1 个与乌骨鸡肤色性状相关的 SNP 分子标记。该分子标记位于核酸序列 SEQ ID No.1 所示第 171bp 处，突变碱基为 A/G。该申请的权利要求节选如下：

1. 一种与乌骨鸡肤色性状相关的 SNP 分子标记，其特征在于，所述 SNP 分子标记的核苷酸序列如 SEQ ID No.1 所示，第 171 bp 处碱基突变类型为 A/G。

2. 一种引物对在乌骨鸡肤色性状检测中的应用，其特征在于，所述引物对的 DNA 序列为：F 5' - ACGACAGCAGGAAACGT - 3'，R 5' - TGTGGCAGGCAGGTAACTGTGT - 3。

利用 In - Silico PCR 查找引物在基因组中的扩增位置及据引物查找目标 SNP。首先，在 In - Silico PCR 界面中选择物种及基因组版本号后输入上下游引物序列，如图 2 - 3 - 39 所示。

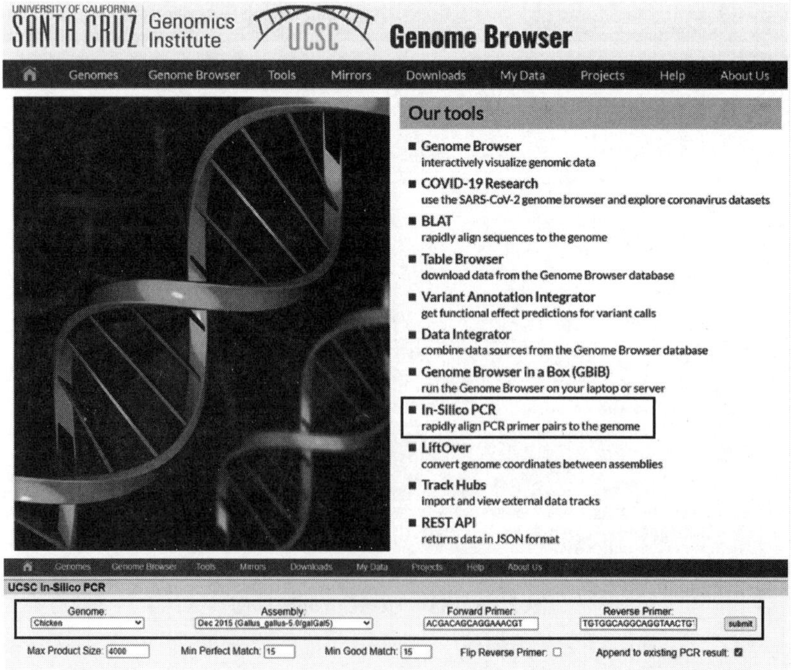

图 2-3-39　In - Silico PCR 输入界面

其次，提交后显示其在所选基因组中可扩增的区域。然后，点击区域结果后可以视图化显示所述区段的注释信息，如图 2 -3 -40 所示。

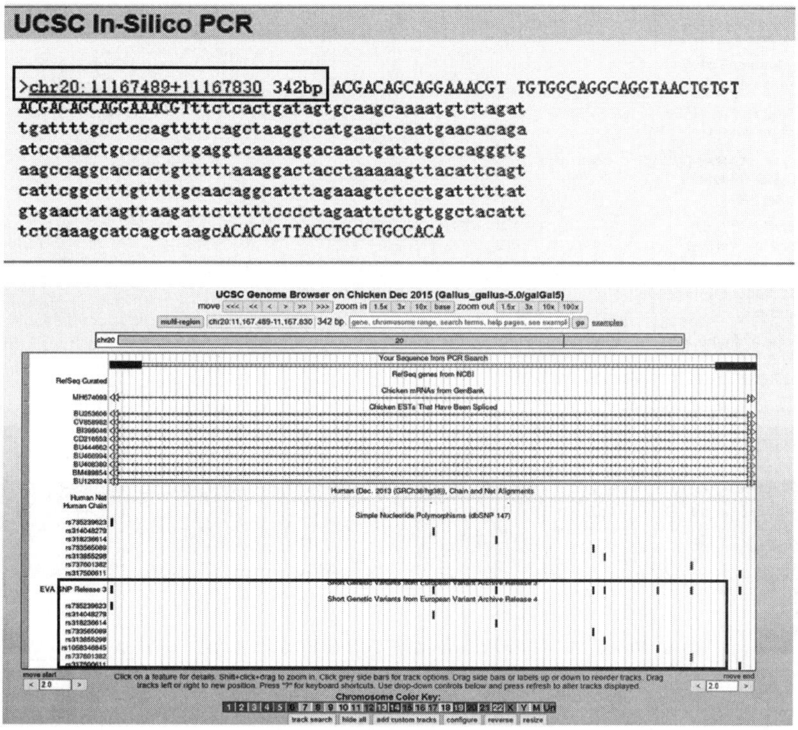

图 2 -3 -40　In -Silico PCR 检索结果

最后，在 EVA 注释信息中找到本申请涉及的 SNP 位点及其公开时间，如图 2 -3 -41 所示。

综上，获得对比文件 1：dbSNP：rs314048279，*UCSC Genome Browser*，可以用于评述该案权利要求的创造性。

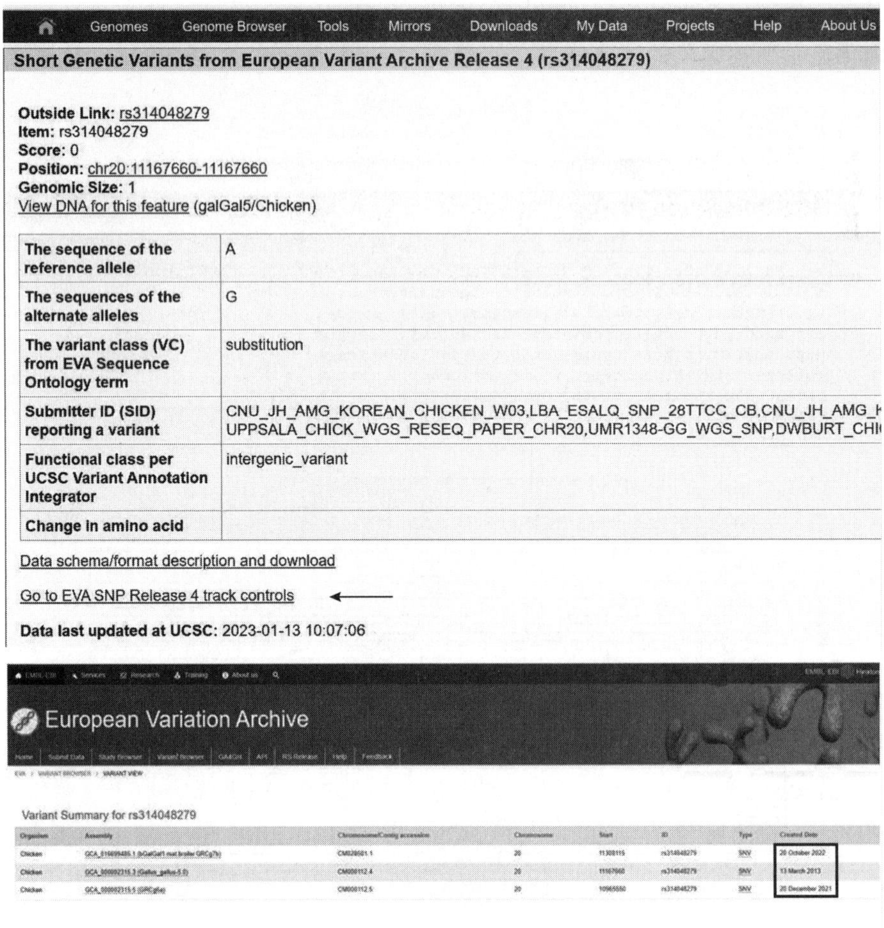

图 2-3-41　目标 SNP 位点及公开时间

第四节　专项数据库

一、miRBase 数据库

（一）miRBase 简介

miRBase 数据库是由曼彻斯特大学研究人员开发的一个在线 miRNA 数据库（序

列数据库）。该数据库中收录了来自 200 多个物种，接近 4 万个 miRNA 的信息，是最全面的 miRNA 数据库，网址：http：//www. mirbase. org/。miRBase 数据库的主界面如图 2－4－1 所示。

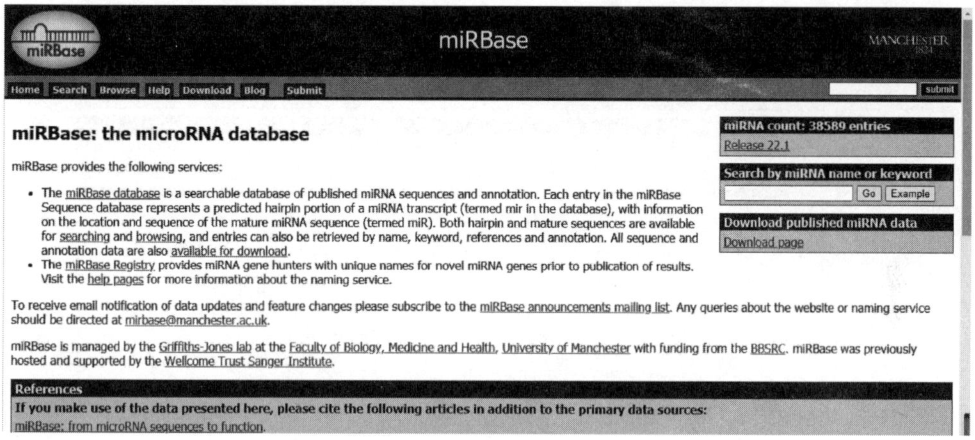

图 2－4－1　miRBase 数据库主界面

导航栏包括 Home（首页）、Search（通过多种方式检索 miRNA）、Browse（可通过物种检索 miRNA）、Help（帮助信息）、Download（下载页面）、Blog（miRBase 日志）、Submit（注册新的 miRNA）。

（二）适用场景

miRBase 数据库查找包括人、动物等 200 多个物种的 miRNA 信息。

（三）检索入口及方式

检索常用导航栏主要涉及 Search 和 Browse，下面介绍这两个模块功能。

1. Search：通过多种方式检索 miRNA

点击导航栏 Search，进入检索界面，经常使用的检索入口有两个。

（1）以 miRNA 的编号、名称或关键词为入口

以 miRNA－218－5p 为例，检索命中结果 20 个，部分结果截图如图 2－4－2 和图 2－4－3 所示。

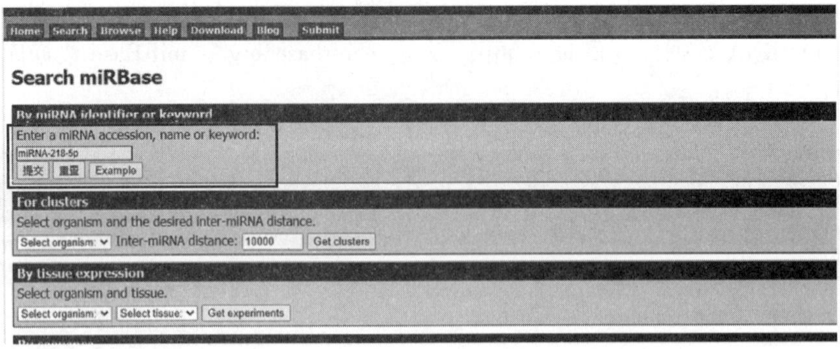

图 2-4-2 miRBase 的 miRNA 编号、名称或关键词检索界面

ID	Accession	Mature name
tgu-miR-218-5p	MIMAT0014522	✓
pal-miR-218-5p	MIMAT0040043	✓
mml-miR-218-5p	MIMAT0002574	✓
oha-miR-218-5p	MIMAT0036836	✓
mmu-miR-218-5p	MIMAT0000663	✓
cpo-miR-218-5p	MIMAT0047125	✓
ssa-miR-218-5p	MIMAT0032524	✓

图 2-4-3 miRNA 检索结果

点击 Accession 超链接，可进入相应的 miRNA 详细信息，截图如图 2-4-4 所示。

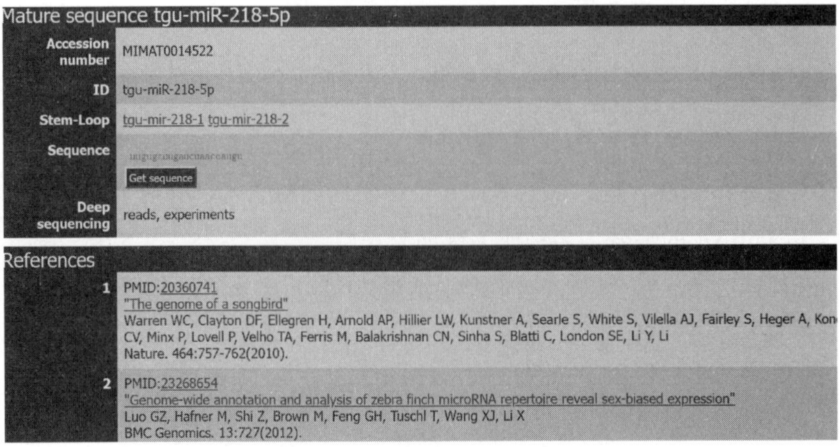

图 2-4-4 miRNA 详细信息示例

根据数据库中列出的相关参考文献，查看参考文献的公开时间，并根据实际需要，选择合适的参考文献作为对比文件。

（2）以 miRNA 的序列为检索入口

如图 2－4－5 所示，在空白方框内输入序列，点击 Search miRNAs 进行检索。以 miRNA－218－5p 的序列“uugugcuugaucuaaccaugu”为例，检索结果如图 2－4－6 所示。

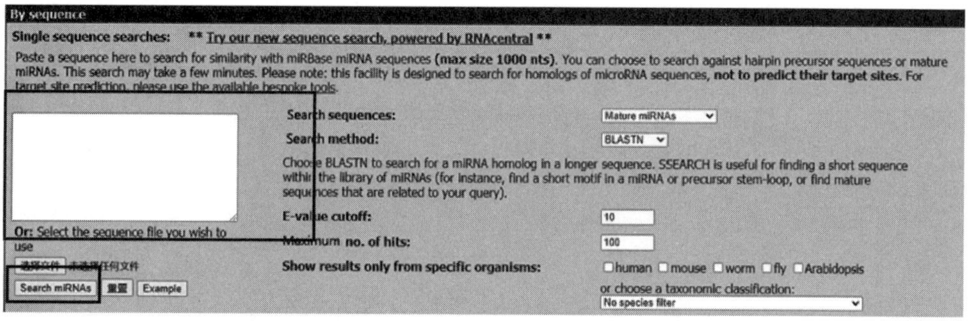

图 2－4－5　miRNA 序列检索入口

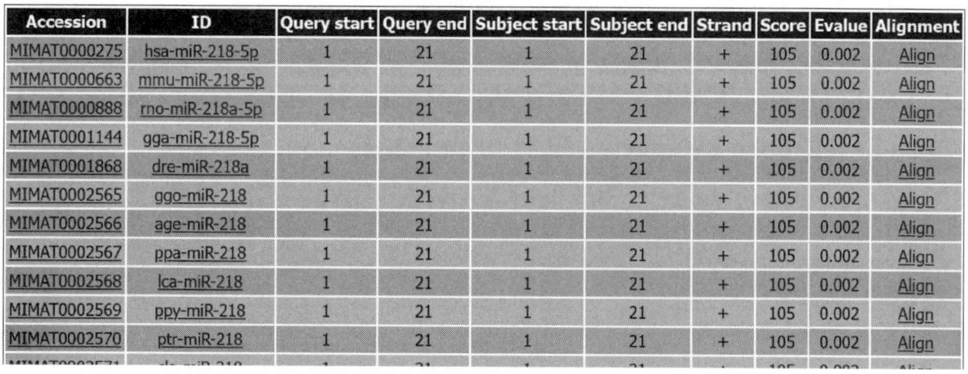

Accession	ID	Query start	Query end	Subject start	Subject end	Strand	Score	Evalue	Alignment
MIMAT0000275	hsa-miR-218-5p	1	21	1	21	+	105	0.002	Align
MIMAT0000663	mmu-miR-218-5p	1	21	1	21	+	105	0.002	Align
MIMAT0000888	rno-miR-218a-5p	1	21	1	21	+	105	0.002	Align
MIMAT0001144	gga-miR-218-5p	1	21	1	21	+	105	0.002	Align
MIMAT0001868	dre-miR-218a	1	21	1	21	+	105	0.002	Align
MIMAT0002565	ggo-miR-218	1	21	1	21	+	105	0.002	Align
MIMAT0002566	age-miR-218	1	21	1	21	+	105	0.002	Align
MIMAT0002567	ppa-miR-218	1	21	1	21	+	105	0.002	Align
MIMAT0002568	lca-miR-218	1	21	1	21	+	105	0.002	Align
MIMAT0002569	ppy-miR-218	1	21	1	21	+	105	0.002	Align
MIMAT0002570	ptr-miR-218	1	21	1	21	+	105	0.002	Align

图 2－4－6　miRNA 序列检索结果示例

点击 Accession 或者 ID 超链接，可进入详细信息（同上）。点击后面的 Align 超链接，可看序列比对结果，部分截图如图 2－4－7 所示。

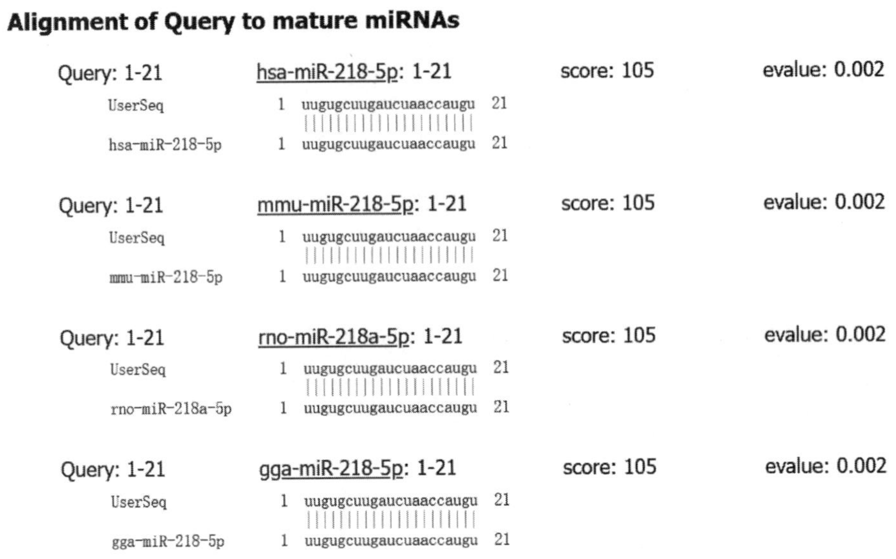

图 2－4－7　miRNA 序列比对结果示例

2. Browse：可通过物种检索 miRNA

点击导航栏 Browse，进入浏览界面，浏览界面如图 2－4－8 所示。

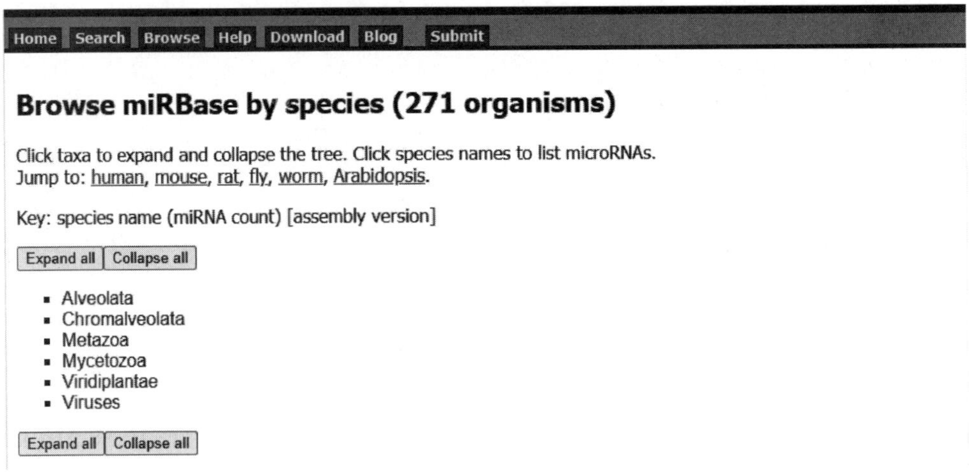

图 2－4－8　Browse 浏览界面

共计收录 271 个物种，前面列出了 human、mouse 等几个常见物种超链接。如想查看其他物种，可以点击 Expand all 展开寻找目标物种，点击超链接可查看其 miRBase 信息。图 2－4－9 为小鼠的全部 miRNA 信息（总计 1234 个 miRNA）部分截图。

Mus musculus miRNAs

Filter

ID	Accession	RPM	Chromosome	Start	End	Strand	Confidence
mmu-let-7g	MI0000137	195020	chr9	106178840	106178927	+	✓
mmu-let-7i	MI0000138	35712	chr10	122985640	122985724	-	✓
mmu-mir-1a-1	MI0000139	17552	chr2	180389048	180389124	+	✓
mmu-mir-15b	MI0000140	2418	chr3	69009772	69009835	+	✓
mmu-mir-23b	MI0000141	3457	chr13	63300484	63300557	+	✓
mmu-mir-27b	MI0000142	6664	chr13	63300712	63300784	+	✓
mmu-mir-29b-1	MI0000143	13914	chr6	31063023	31063093	-	✓
mmu-mir-30a	MI0000144	14131	chr1	23272269	23272339	+	✓
mmu-mir-30b	MI0000145	1123	chr15	68337415	68337510	-	✓
mmu-mir-99a	MI0000146	4307	chr16	77598936	77599000	+	✓

图 2-4-9　小鼠 miRNA 部分信息示例

（四）结果利用及案例

案例 2-4-1

该申请涉及一种检测 miRNA-218-5p 表达水平的试剂在制备鸭肠黏膜氧化应激损伤检测试剂中的应用。权利要求节选如下所示：

1. 一种与鸭肠黏膜氧化应激损伤相关的 miRNA，包括 miRNA，其特征在于：所述 miRNA 为应激过程中下调的 miRNA-218-5p，其核苷酸序列如 SEQ ID No. 1 所示，所述 miRNA 的靶基因是醛酮还原酶 7（AKR7A2），所述 miRNA 通过上调的醛酮还原酶 7（AKR7A2）基因的表达，参与小肠上皮的氧化应激应答。

在 miRBase 数据库中选择“Search”进入检索页面，以“miRNA-218-5p”作为关键词或 SEQ ID NO. 1 所示序列为检索入口，可检索得到多条 miRNA-218-5p 的多条命中结果，可找到多篇可评述权利要求 1 新颖性的 X 类对比文件。具体地，选取其中任意一条 miRNA-218-5p 的结果，并比对其是否公开该申请 miRNA-218-5p 序列。若公开的序列与该申请相同，查看参考文献，核实其公开时间是否早于该申请的申请日，确认其是否为现有技术，公开 miRNA-218-5p 序列且为现有技术的参考文献可以作为 X 类对比文件评述权利要求 1 中涉及 miRNA 产品技术方案的新颖性。

二、LNCipedia 数据库

（一）LNCipedia 简介

LNCipedia 是一个公共数据库，用于存储较长的非编码 RNA（lncRNA）序列和注释。该数据库整合了多个人类（Human）lncRNA 数据库信息，很大程度上解决了 lncRNA 数据库各自为政的问题。整合的数据库包括 lncRNAdb、Broad Institute、Ensembl、Gencode、Refseq、NONCODE、FANTOM 等中的 lncRNA 记录，并赋予了它们统一 ID，同时还包含 lncRNA 转录本在基因组位置、长度、结构，miRNA 结合，lncRNA 在其他数据库中相关记录等信息。当前版本包含 127 802 转录本和 56 946 个基因，网址为：https：//lncipedia. org/。

（二）适用场景

LNCipedia 数据库主要是用于人类非编码长链 RNA 的检索，可检索的信息有：lncRNA 的名称、产生 lncRNA 的基因名称、lncRNA 的完整序列或者部分序列。

（三）检索入口及方式

打开 LNCipedia，其主界面如图 2－4－10 所示。

图 2－4－10　LNCipedia 主界面

1. 以 lncRNA 名称或产生该 lncRNA 的基因名称进行检索

直接在主界面的 Search 框中输入 lncRNA 的常见名称，或者产生该 lncRNA 的基因名称后，点击搜索后会显示检索结果。结果显示 lncRNA 的基本信息：LNCipedia 转录 ID、LNCipedia 基因 ID、Ensemble 转录 ID、Ensemble 基因 ID、在染色体上的所在位置、序列长度、来源（source）以及该 lncRNA 的其他名称和具体的碱基序列。在来源项标示出了公开时间，具体结果如图 2－4－11 所示。

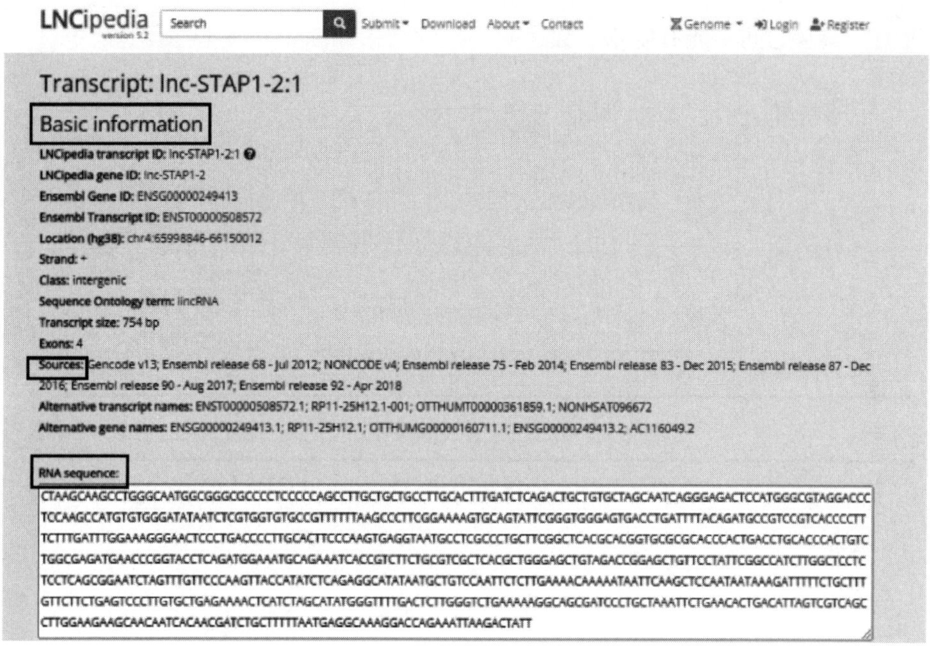

图 2-4-11　以 lncRNA 名称检索示例

2. 以 lncRNA 的序列进行检索

在 Search 框中不输入任何文字，直接点击检索，则会进入如图 2-4-12 所示界面。

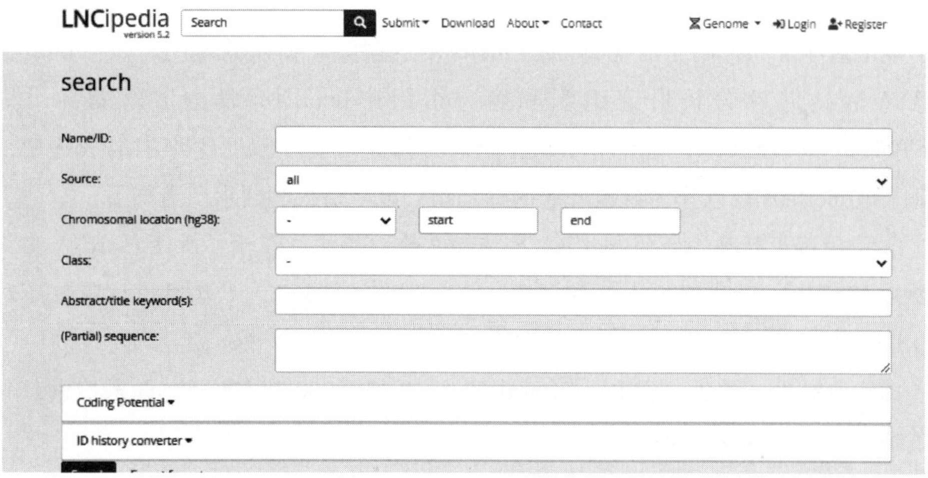

图 2-4-12　lncRNA 序列检索界面

然后在 sequence 框中输入 lncRNA 的部分序列或者全长序列。注意，序列必须是连续的，碱基之间不能有空格、数字等。检索结果如图 2 –4 –13 所示。

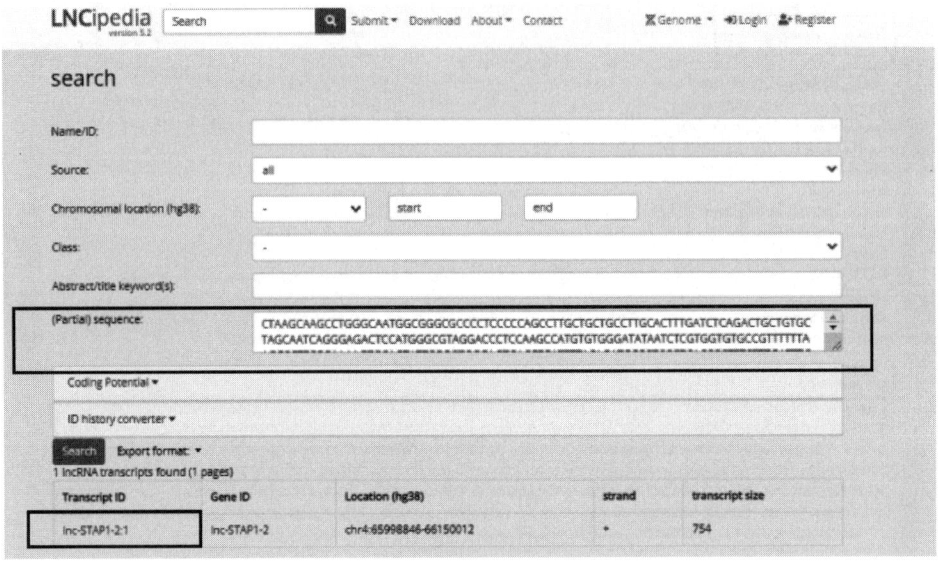

图 2 –4 –13　lncRNA 序列检索结果示例

（四）结果利用及案例

案例 2 –4 –2

该申请涉及一种用于肝癌诊断的 lncRNA 生物标志物及其应用。该申请是利用 lncRNA 表达芯片分析肝癌组织和癌旁组织中 lncRNA 表达谱的差异，发现 ENST00000508572. 1 基因在肝癌组织中的表达量显著高于癌旁组织中的表达量，并验证了该 lncRNA 可以作为诊断肝癌的标志物。该申请权利要求节选如下：

1. 一种用于肝癌诊断的 lncRNA 生物标志物，其特征在于，所述 lncRNA 生物标志物为 ENST00000508572 . 1 基因，所述 ENST00000508572 . 1 基因的核苷酸序列如 SEQ ID NO . 1 所示。

具体检索为：首先，在 Search 框中输入 ENST00000508572. 1，点击检索，命中一条结果如图 2 –4 –14 所示。

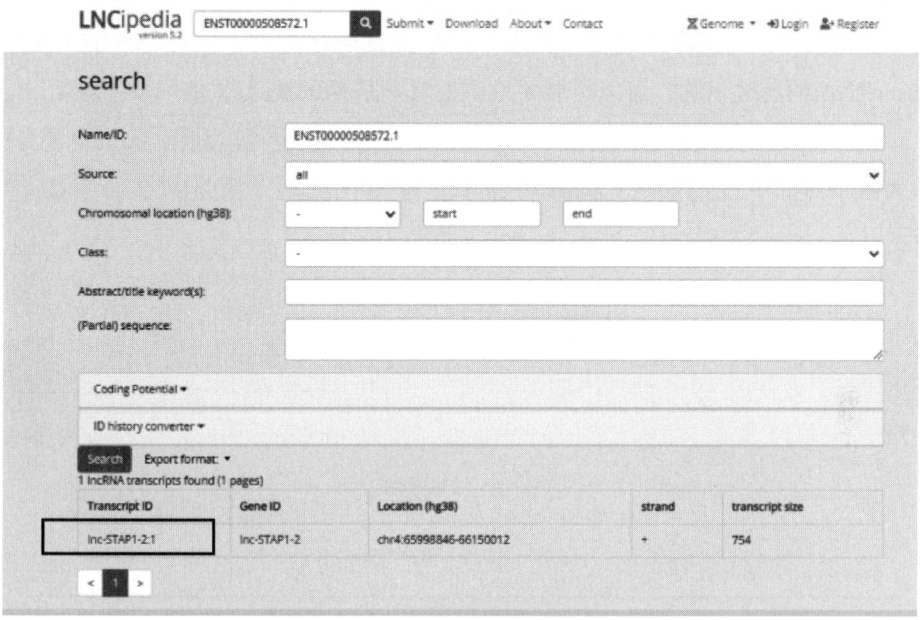

图 2-4-14 LNCipedia 检索 lncRNA 生物标志物结果示例

进一步点击红框中该 lncRNA 的 ID 查看其详细信息，如图 2-4-15 所示。

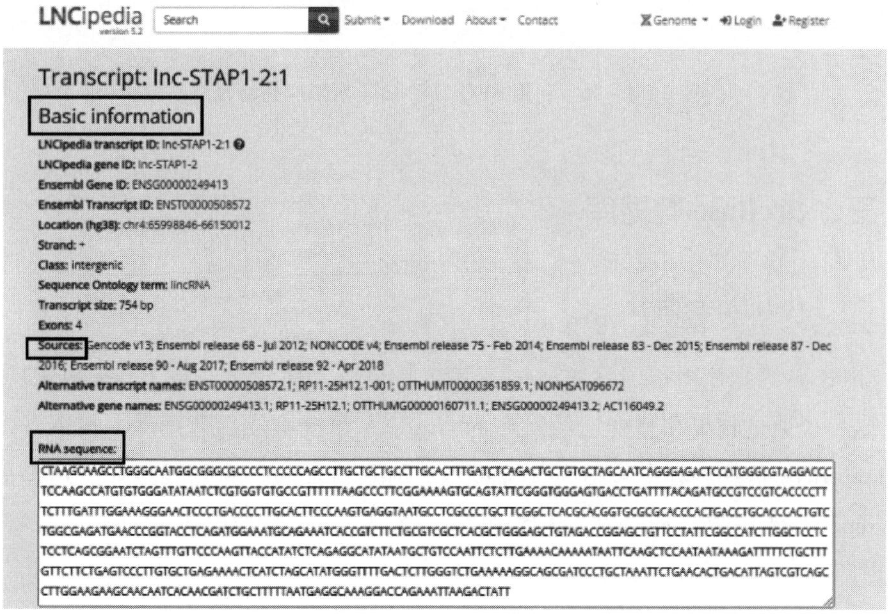

图 2-4-15 lncRNA ID 详细信息

从其来源（图 2-4-15 “Sources”）来看，该 lncRNA 公开日在该申请日之前，属于现有技术，可用作评述权利要求 1 新颖性的对比文件。同时，该结果还显示了该 lncRNA 的其他名称，可以扩展关键词对其与肝癌的关系作进一步的检索。

此外，权利要求 1 中还给出了该 lncRNA 的序列，也可以利用 SEQ ID NO.1 所示序列在序列框中进行检索，同样可命中上述对比文件，检索结果如图 2-4-16 所示。

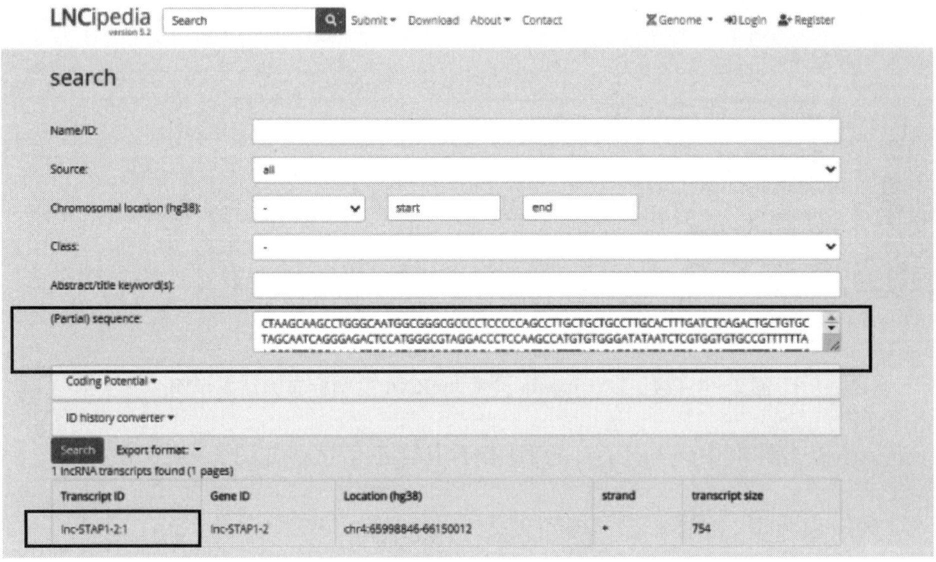

图 2-4-16　利用 SEQ ID NO.1 所示序列检索结果

三、circBase 数据库

（一）circBase 简介

circBase 数据库由德国马克斯·德尔布吕克分子医学中心的 Rajewsky 课题组开发，是一个通过收集和整合已经发布的 circRNA 数据构成的数据库，收集了多个物种的 circRNA 信息，其中包括人（hg19）、小鼠（mm9）、秀丽线虫（ce6）、黑腹果蝇（dm3）、矛尾鱼（latCha1）和腔棘鱼。网址为 http://www.circbase.org/，主界面如图 2-4-17 所示。

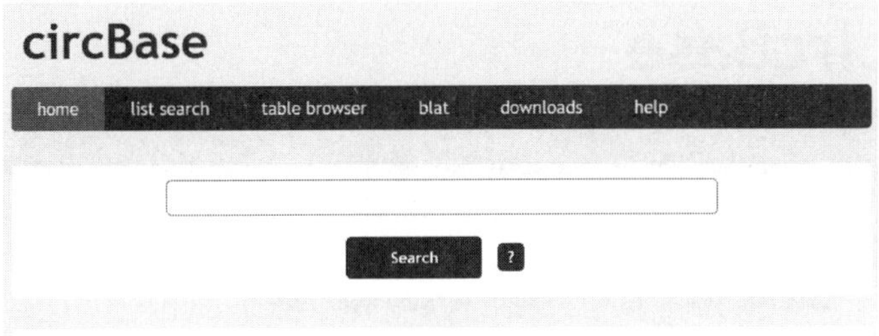

图 2－4－17 circBase 数据库界面

（二）适用场景

在 circBase 数据库中通过基因名、功能、sequence ID、circRNA ID、基因组区域位置信息、基因序列皆可检索相关的 circRNA，还可以调取 circRNA 基因组序列和剪切后的序列。需要注意的是，只有基因组序列显示发布时间。

（三）检索入口及方式

该数据库的主界面显示了以下检索入口：

home：提交基因名、功能、sequence ID、circRNA ID、基因组区域位置信息（例如，GNB1、apoptosis、NM_133494、hsa_circ_0000168、chr3：16862403－17386302）可以快速查询相关 cirRNA 信息，相当于简单检索。

list search：相对于简单检索，扩大检索范围（例如，同时对多个基因进行检索）。

table browser：通过条件设置，可以筛选出所需要的 circRNA 数据。

blat：通过序列比对进行检索。

（四）结果利用及案例

案例 2－4－3

该申请涉及一种用于胶质瘤诊断的血清外泌体 circRNA 标志物。权利要求节选如下：

1. 一种用于胶质瘤诊断的血清外泌体 circRNA 标志物 circ9：135881633 | 135883078，其序列如 SEQ NO：1 所示。

（1）circRNA 序列的调取。该申请记载了 circRNA 的序列和基因的位置信息（未提供基因序列的版本号），因而优先考虑使用序列检索 blat，具体如图 2－4－18 所示。

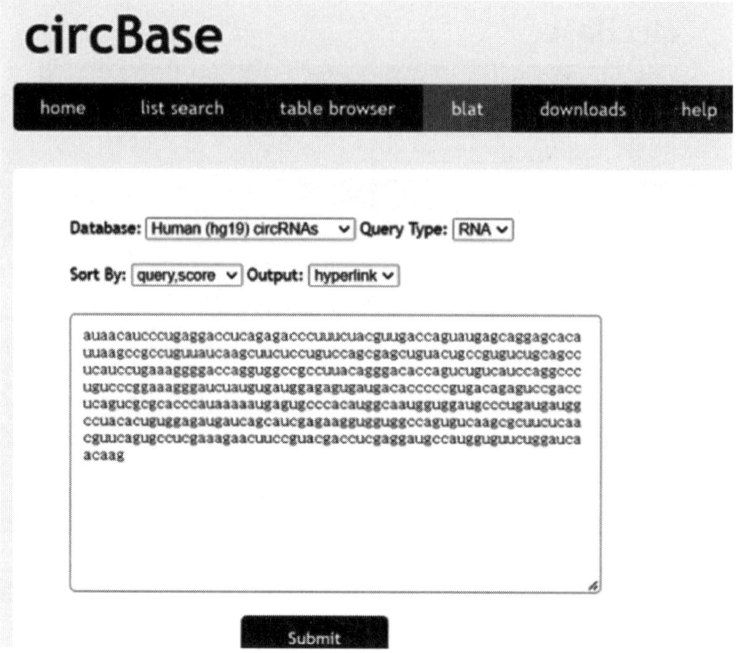

图 2-4-18 使用 blat 序列检索

（2）如图 2-4-19 所示，比对后选择打开第一项比对结果，此处为 has_circ_0001900。

Web BLAT Search Results

ALIGNMENT	QUERY	SCORE	START	END	QSIZE	IDENTITY	circRNA	STRAND	START	END	SPAN
details	query	108	12	195	425	79.4%	hsa_circ_0001900	+	735	918	184
details	query	108	12	195	425	79.4%	hsa_circ_0004338	+	16483	16666	184
details	query	108	12	195	425	79.4%	hsa_circ_0006814	+	8324	8507	184
details	query	108	12	195	425	79.4%	hsa_circ_0089475	+	33607	33790	184
details	query	108	12	195	425	79.4%	hsa_circ_0089476	+	32563	32746	184
details	query	108	12	195	425	79.4%	hsa_circ_0089478	+	32047	32230	184
details	query	108	12	195	425	79.4%	hsa_circ_0089492	+	16391	16574	184
details	query	37	12	70	425	81.4%	hsa_circ_0089498	+	144	202	59
details	query	21	152	178	425	87.0%	hsa_circ_0053434	-	10955	10980	26
details	query	21	152	178	425	87.0%	hsa_circ_0053435	-	105221	105246	26
details	query	21	152	178	425	87.0%	hsa_circ_0053438	-	145570	145595	26
details	query	21	152	178	425	87.0%	hsa_circ_0053442	-	9495	9520	26
details	query	21	152	178	425	87.0%	hsa_circ_0053445	-	675	700	26
details	query	21	152	178	425	87.0%	hsa_circ_0053447	-	60721	60746	26
details	query	21	152	178	425	87.0%	hsa_circ_0053450	-	66961	66986	26
details	query	21	152	178	425	87.0%	hsa_circ_0053451	-	71680	71705	26
details	query	21	152	178	425	87.0%	hsa_circ_0053454	-	74381	74406	26
details	query	21	152	178	425	87.0%	hsa_circ_0053458	-	78781	78806	26
details	query	21	152	178	425	87.0%	hsa_circ_0053459	-	80716	80741	26
details	query	21	152	178	425	87.0%	hsa_circ_0053464	-	94986	95011	26
details	query	21	152	178	425	87.0%	hsa_circ_0053465	-	95306	95331	26
details	query	21	152	178	425	87.0%	hsa_circ_0053469	-	105765	105790	26

图 2-4-19 blat 序列检索结果

（3）获得具体的circRNA信息，点击position链接。该申请案例中提供的circRNA序列长度为425bp，而图2－4－20所示界面显示has_circ_0001900的剪切本长度也为425bp，考虑该申请的circRNA序列为剪切本序列。

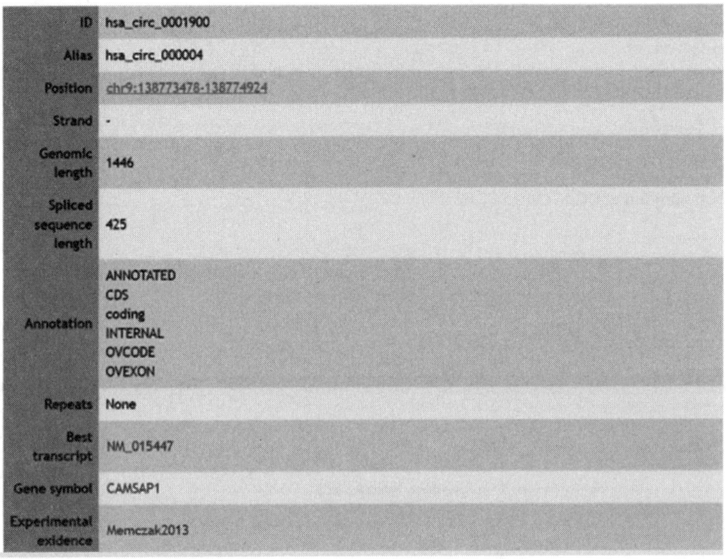

图2－4－20　具体circRNA信息示例

（4）自动跳转自UCSC界面，选择打开此前选择的circRNA链接，此处为has_circ_0001900，如图2－4－21所示。

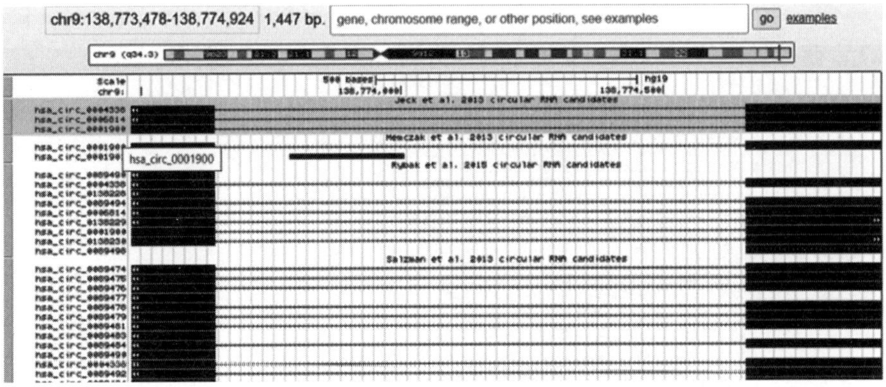

图2－4－21　相应UCSC界面

（5）自动跳转回circBase界面，点击view DNA for this feature链接，图2－4－22所示界面显示了序列数据在UCSC的更新时间，其（全长序列）公开时间在该案申请日之前。

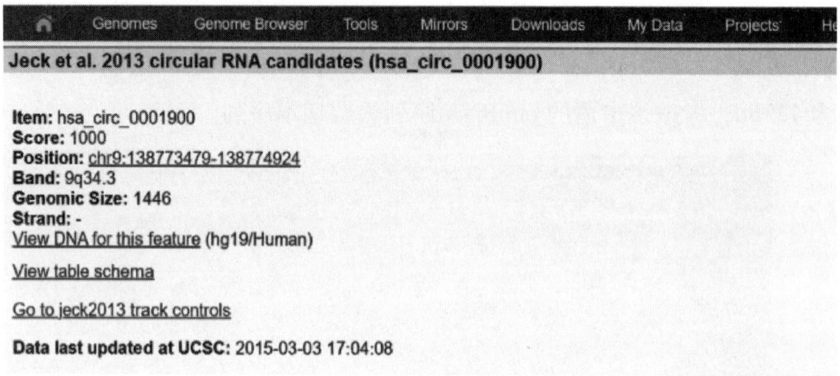

图 2-4-22　circBase 中 DNA 链接示例

（6）点击 get DNA 链接，如图 2-4-23 所示。

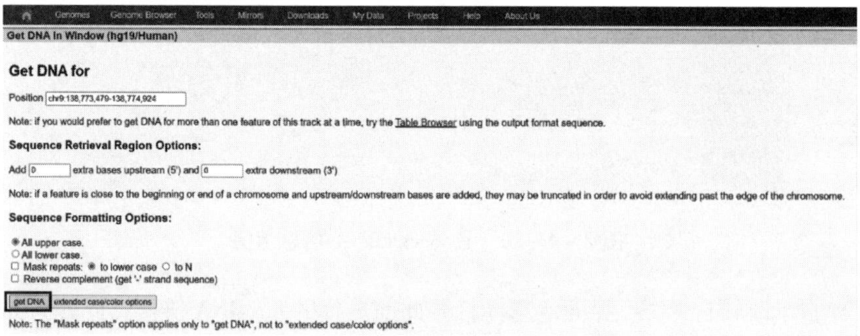

图 2-4-23　get DNA 链接界面

（7）获得具体的 circRNA 全长序列信息，如图 2-4-24 所示。

```
>hg19_hub_77_jeck_circRNAs range=chr9:138773479-138774924 5'pad=0 3'pad=0 strand=+ repeatMaskin
CTTGTTGATCCAGAACACCATGGCATCCTCGAGGTCGTACGGAAGTTCTT
TCGAGGCACTGAACGTTGAGAAGCGCTTGACACTGGCCACCACCTTCTCG
ATGCTGATCATCTCCACAGTGTAGGCCATCATCAGGGCATCCACCATTGC
CATGTGGGCACTCTAGGGGCAGAGGCAGCAGCTATAATCCCTCAAACCCA
CCCCTCTTACCAGGTTCTGATGCAGGGAACCTGCTCATACTCAGCATTCT
GGCCTAATTTCTTCATCCCTCGCCCTTTCCGTCTGAAGAGATACTCAGAT
TTGAGACCTGCCTCCCCCGCACCATCACTGTTCCAAGCCTGGCATTTCTG
GTCAAGCCTCAAGACCGTCTGGAACCAGGAGTCCGTTCTCAGGCAGGCAG
GCCAGCCCTGTGGCCCACAGTGCACTGTCTCACACTGTCCTTTCTTATCT
CCTCAACAGCCCTGTGGGACTCCCAGGAAAGGCGGTGCAGCTCCCAGGTC
GTGGTTGTGGGAAGGCAGACAGGAGACCTGCCCCAGGCCAACTGCCCACC
AGAGGCCTCTGGCTCCTAGTCCAGAGCTCTACCTGCTACAGCTGCACCAC
GCCTTAGTGCAGCTTCCTCATTCGACAGGAATGACACTCTCTTCAACCAC
CGCACGGCACCCGCAGTCTCACCGGGAACGCCATGGGAGCAACCAAACAA
AGGCAGTGCAGGAGGCACCGAGAATGGCCCTGACCCAGAACGCTCTGGAA
AAGGCACACCAGTAGCAAGGCTTCAGAGAAAGATGGGGGTGGGATACTTG
GGGGAGAAAAAGGCAGACTGAGTTATTTTAGCACAAAGTATGCATGAAAC
AACCTAACAGAATGGGTGCAACAATTACATTTCTCATCTGTAAAAAGTCT
GCTTCAAGTATTTTTATTAACAGGCCTCACTCCAATCTCAGCATTCACAG
AGCATTCCCAATGAGAAAAAGAGCTCAATGAAAGCTCTCTTTTCCCCATT
CTCCACAACAGTCATGTGCTTTAAAAGATATGCAGTTTCCTAAGGAACGC
CAGTGTGCAAAAGCACGGGTCTCCACCACCTCGCCGCACACCGTGTTCAC
ACCATCCATGCACCAGGTGCGCCACACGAGAGCCCACGGCTCCAGAGGAT
GGCCCCTGGGGGCGGCCACCGCAGACCACTCACCATTTTTATGGGTGCGC
GACTGAGGTCGGACTCTGTCACGGGGGTGTCATCACTCTCCATCACATAG
ATCCCTTTCCGGGACAGGGCCTGGATGACAGACTGGTGTCCCTGTAAGGC
GGCCACCTGGTCCCCTTTCAGGATGAGGCTGCAGACACGGCAGTACAGCT
CGCTGGACAGGAGAAGCTTGATAACAGGCGGCTTAATGTGCTCCTGCTCA
TACTGGTCAACGTAGAAAGGGTCTCTGAGGTCCTCAGGGATGTTAT
```

图 2-4-24　circRNA 全长序列信息示例

（8）在主界面通过 circRNA ID 进行检索，如图 2－4－25 所示，此处为 has_circ_0001900。

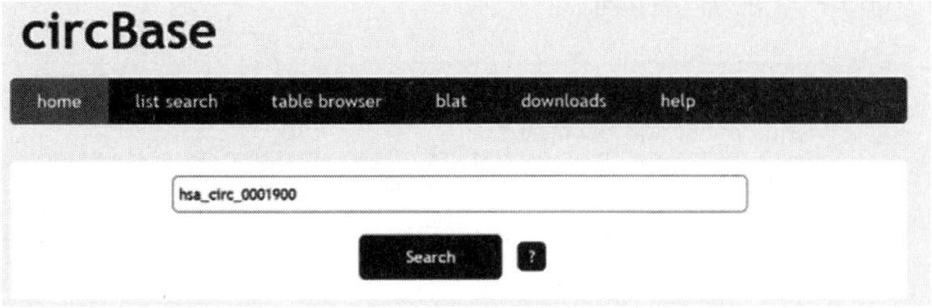

图 2－4－25　从 circRNA ID 检索界面

（9）获得 circRNA 的基本信息，点击 fasta 链接，如图 2－4－26 所示。

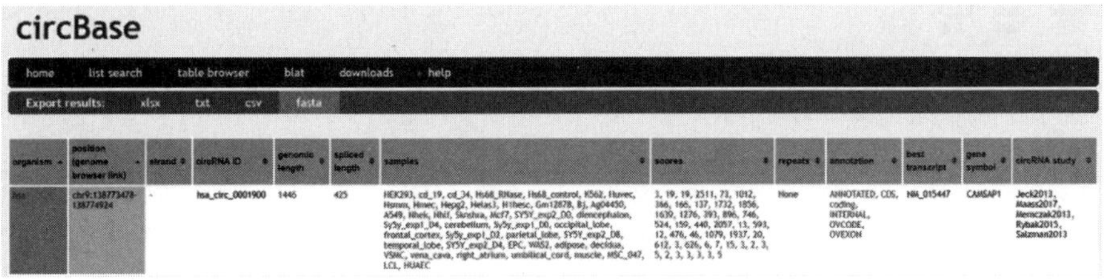

图 2－4－26　fasta 链接界面

（10）在序列类型中勾选 spliced，点击 Search，如图 2－4－27 所示。

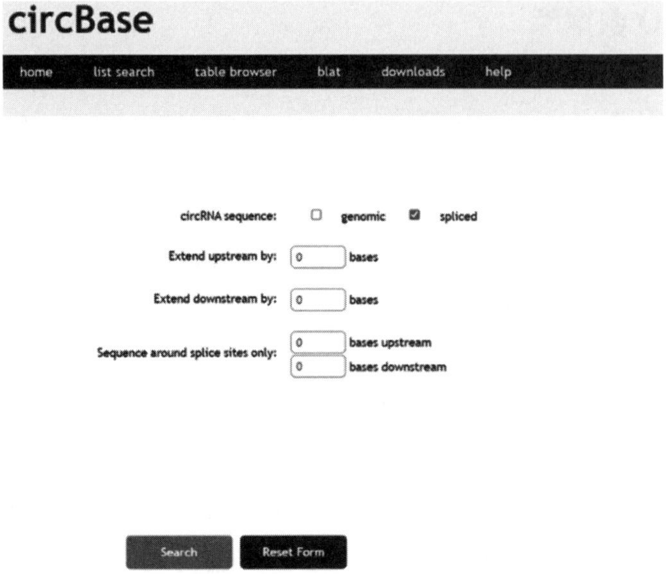

图 2－4－27　circBase 勾选 spliced 界面

（11）自动下载一个压缩包，如图 2－4－28 所示，内含 circRNA 剪切后的序列。在该案例中，获得的 circRNA 剪切后的序列与该申请的 circRNA 序列完全匹配，确定其为 has_circ_0001900 的剪切序列。

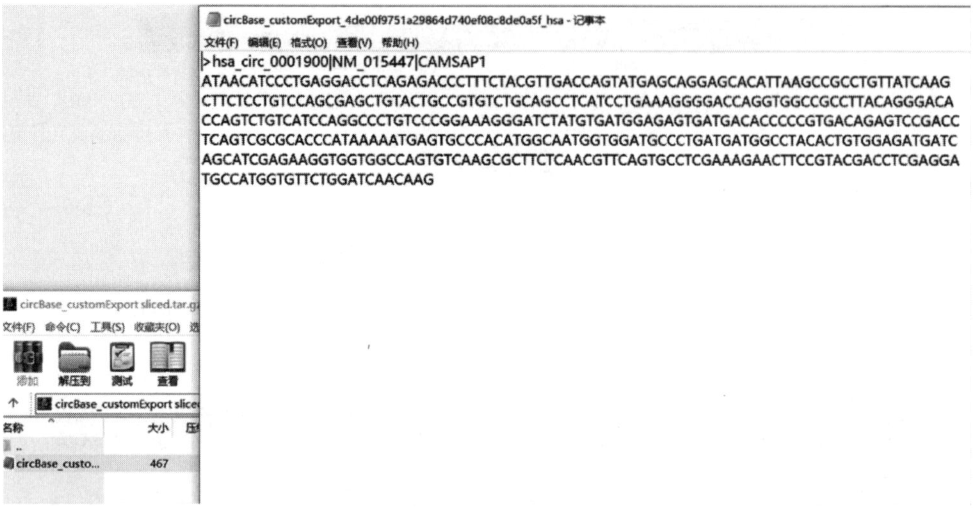

图 2－4－28　circBase 最终检索结果

综上，基于数据库中获得的结果，has_circ_0001900 的剪切序列可以用作评述权利要求 1 新颖性的 X 文件。

四、GEO 数据库

（一）GEO 简介

基因表达数据库（Gene Expression Omnibus，GEO），隶属于美国国立卫生研究院的 NCBI。GEO 是当今最大、最全面的公共基因表达数据资源，存储海量的微阵列芯片的高通量基因数据资料。网址为 www. ncbi. nlm. nih. gov/geo/，主界面如图 2－4－29 所示。

其中 Tools 包含三个子数据系统：GEO Documentation、GEO DataSets、GEO Profiles。

（1）GEO Documentation：可检索到系列（Series）信息。系列数据将一系列相关样本联系起来，提供了整个研究关注点和描述，也包含了描述提取数据、简要结论和分析的表格。

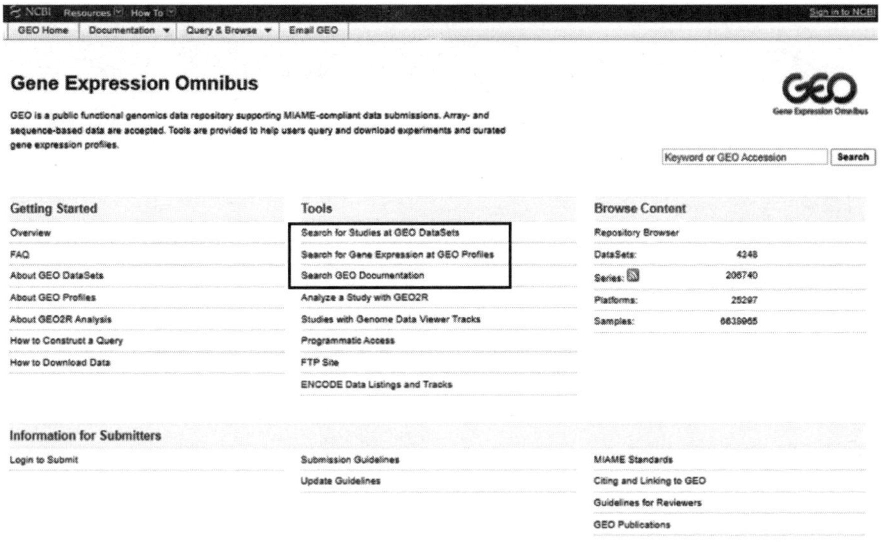

图 2-4-29 GEO 数据库主界面

（2）GEO DataSets：GEO 中一个辅助分析工具。该工具可把被提交的样本归纳集中到有生物学意义和统计学上可比较的 GEO 数据集组，能提供关于一个实验的相关梗概，以此作为下游数据挖掘和数据显示工具的基础。以实验为中心，DataSets 存储同一实验的数据集。

（3）GEO Profiles：Profiles 数据储存来自 DataSets 基因表达谱信息，每个 Profiles 都表现为能反映一个数据集组中所有样本的基因表达量的统计图。Profiles 存储了一个数据集中一个基因在不同样本中的表达情况，以基因为中心。

（二）适用场景

GEO 数据库接受的数据是已发表文章中基于芯片测序的高通量数据。对于以特定基因在特定样本（组织）中上调或下调为发明构思的案例，GEO 数据库可用于基因标志物与疾病相关性的评价，有利于生物标志物的检索补充；GEO 数据库作为有效检索数据库的适用范围是针对已获知相关研究 ID 号（GSE 序列号）、其数据集的 ID 号（GDS 序列号），或其样本 ID 号（GSM 序列号）的案例。

（三）检索入口及方式

如图 2-4-30 所示，通过以上主界面的工具链接或在 NCBI 主界面直接选择 GEO DataSets/Profiles，通过 GSE/GDS 序列号进行检索，并获得相关具体结果。

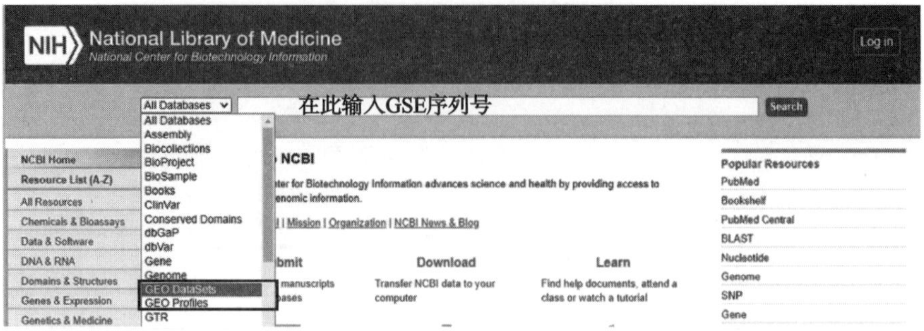

图 2-4-30　GEO DataSets/Profiles 在 NCBI 中位置界面

（四）结果利用及案例

案例 2-4-4

该申请中涉及一种 OSBPL1A 基因及其编码蛋白在用于制备判别结核潜伏感染和活动性结核的产品中的用途。权利要求节选如下所示。

1. 一种 OSBPL1A 基因及其编码蛋白的用途，其特征在于，用于制备判别结核潜伏感染和活动性结核的产品的用途。

在该案例的检索过程中，以发明人（陈新春）进行检索，获得非专利文献“*increased Complement C1q Level Marks Active Disease in Human Tuberculosis*，YiCai et al.，PLOS ONE，20140913”。虽然该文献并没有记载 OSBPL1A 基因，但记载了与判别结核潜伏感染和活动性结核检测相关的微阵列检测基因芯片，公开了所述微阵列数据在 GEO 数据库中报道，相应的登录号为：GSE54992。然后基于该 GSE ID 号在 GEO 数据库中检索（具体步骤如图 2-4-31 至图 2-4-36 所示），获得靶标基因

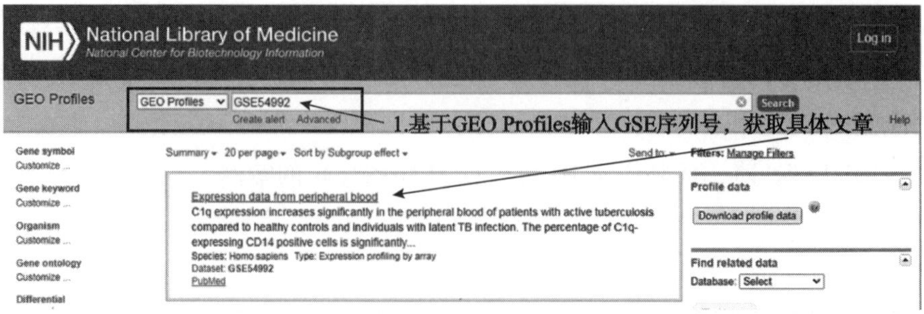

图 2-4-31　利用 GSE ID 号检索步骤一

OSBPL1A 在该数据集（活动性结核）样本中的表达谱。根据所述图谱显示可明确知晓，基因 OSBPL1A 在结核潜伏感染患者、活动性结核患者中存在表达量的显著性差异。可见，所述微阵列探针数据相当于公开了 OSBPL1A 基因在用于判别结核潜伏感染和活动性结核的用途，可用于评述权利要求 1 的新颖性和创造性。

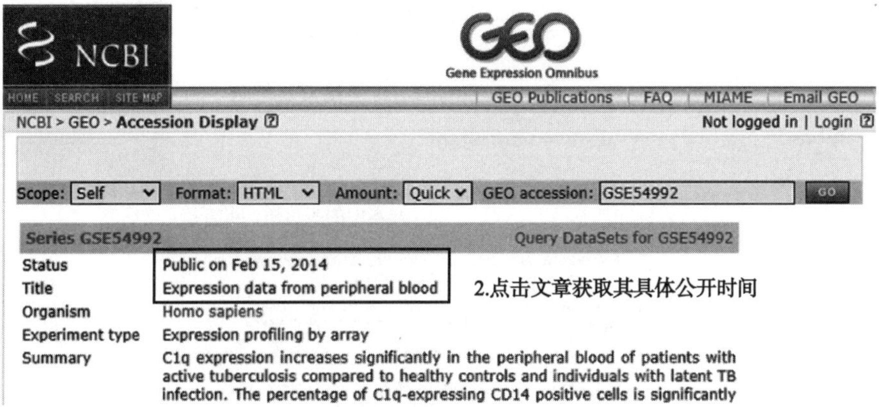

图 2-4-32　利用 GSE ID 号检索步骤二

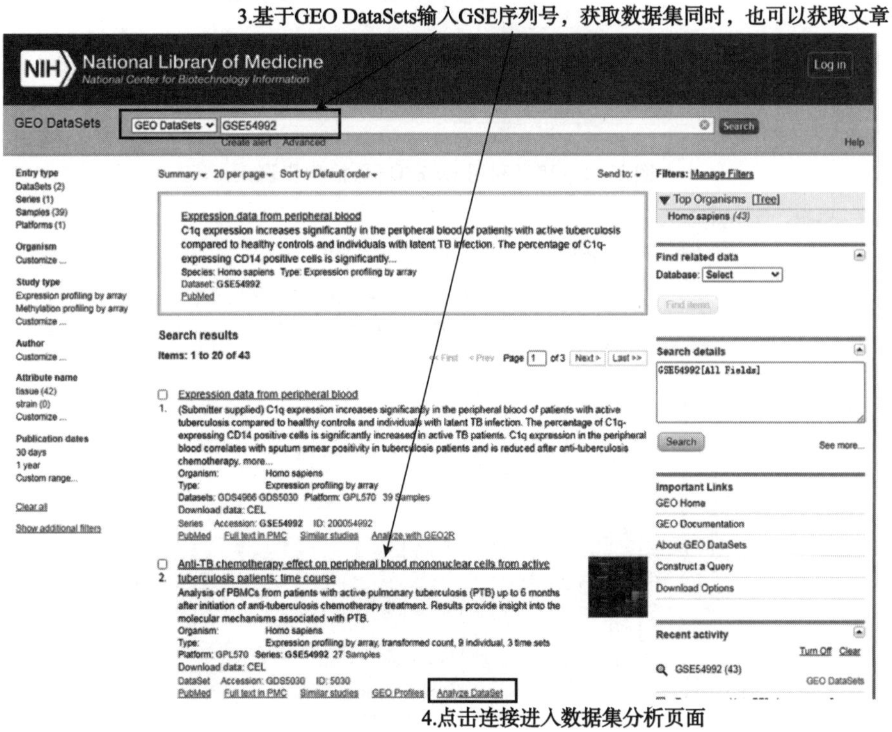

图 2-4-33　利用 GSE ID 号检索步骤三和步骤四

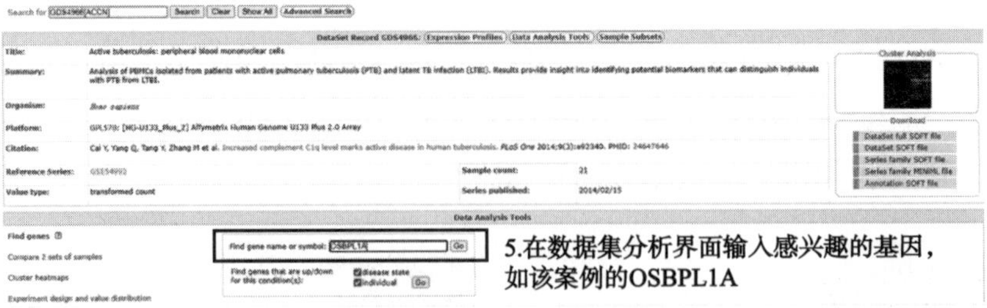

图 2－4－34　利用 GSE ID 号检索步骤五

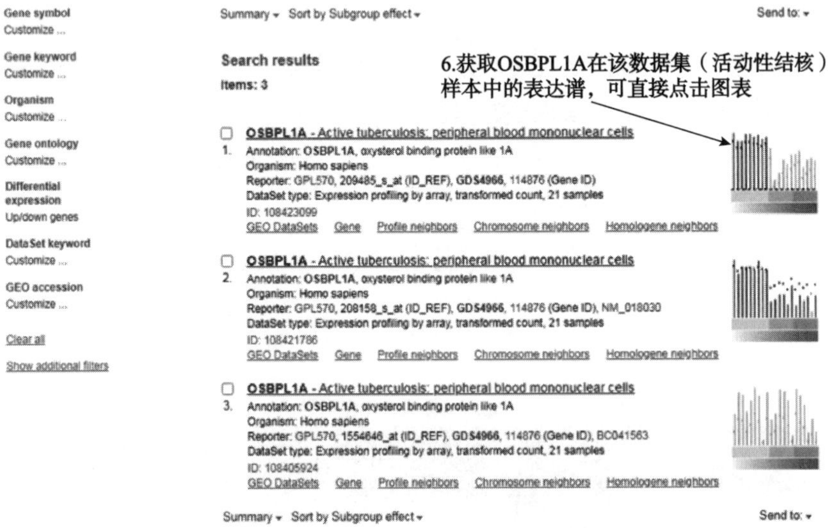

图 2－4－35　利用 GSE ID 号检索步骤六

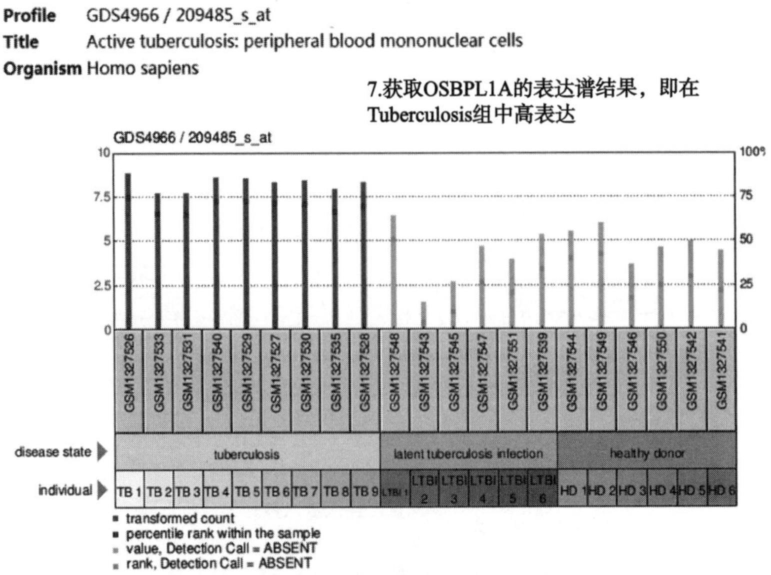

图 2－4－36　利用 GSE ID 号检索步骤七

五、GEPIA 数据库

（一）GEPIA 简介

GEPIA 是由北京大学的团队开发和维护的，提供了关键的交互分析和定制功能，包括肿瘤/正常差异表达谱分析、剖面绘制、病理分期、患者生存分析，相似基因检测分析和降维分析。简单地点击 GEPIA 就可以进行综合全面的表达分析。2023 年已更新到 2.0 版本，点击 GEPIA 网站主界面右上角的 GEPIA2，可直接跳转到 GEPIA2 网站。GEPIA 网址为 http：//gepia. cancer – pku. cn/index. html，主界面如图 2 –4 –37 所示。

图 2 –4 –37　GEPIA 主界面

（二）适用场景

GEPIA 数据库适用的物种为人类，直接输入基因名称（包括别名、ENSG 号）。

GEPIA 数据库主要分为单基因分析、癌症类型分析、多基因分析三大板块。下文主要介绍单基因分析。

（三）检索入口及方式

单基因分析：以 ERBB2 基因作为示例，在搜索栏输入 ERBB2，即使基因有别称或其他家族，系统也会进行筛选检索。输入基因名的时候会出现下拉菜单，方便准确定位基因名，点击 GoPIA 或直接按下回车键。另外，也可以从网页右上角的 GoPIA 进入，然后从 Quick Search 处输入，进行检索。两种方法都会跳转到相同的如图 2－4－38 所示界面。

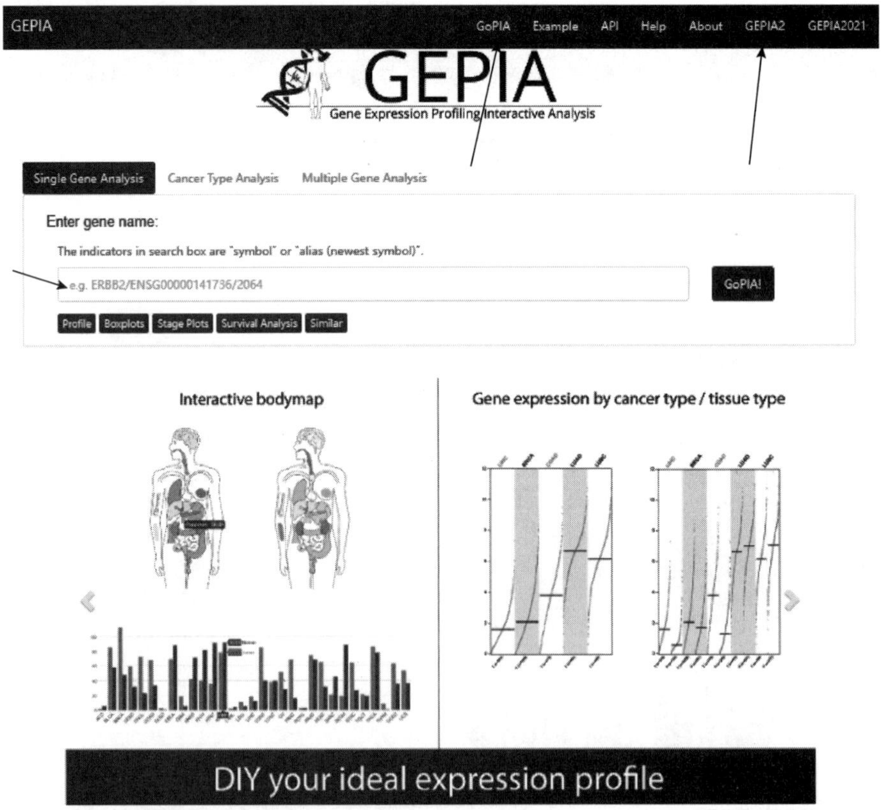

图 2－4－38　GEPIA 检索界面

检索结果：首先是对 ERBB2 基因概况的介绍，包括该基因在其他数据库的快速链接，包括 GeneCard、NCBI、Ensembl 等。如图 2－4－39 所示，右侧的 Bodymap 则比较生动形象，显示了该基因在人体不同器官组织中的表达情况，红色的表示肿瘤组织，绿色的表示正常组织。颜色越深表示表达水平越高。

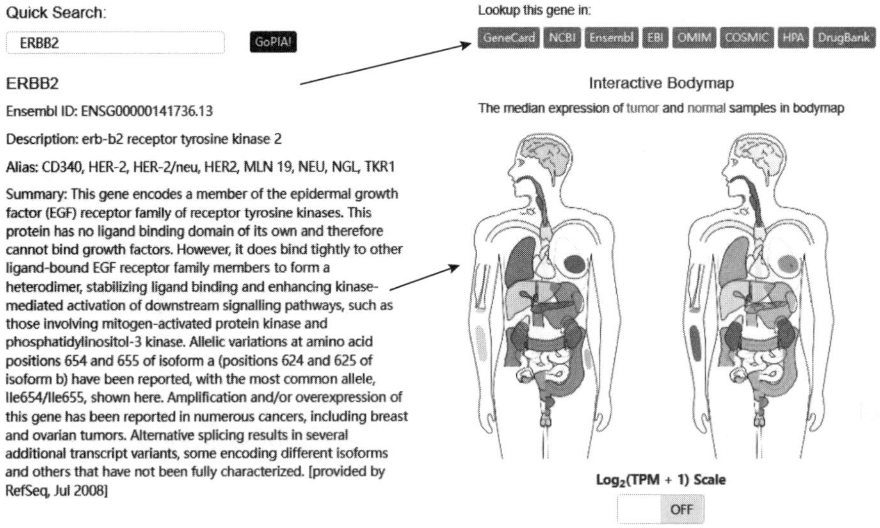

图 2-4-39　GEPIA 检索结果示例

下方是 ERBB2 基因在各种肿瘤/正常组织中的表达水平展示，红色代表该基因在该种癌症中明显高表达，绿色代表该基因在该种癌症中明显低表达。根据需要选择散点图和条形图，如图 2-4-40 和图 2-4-41 所示。

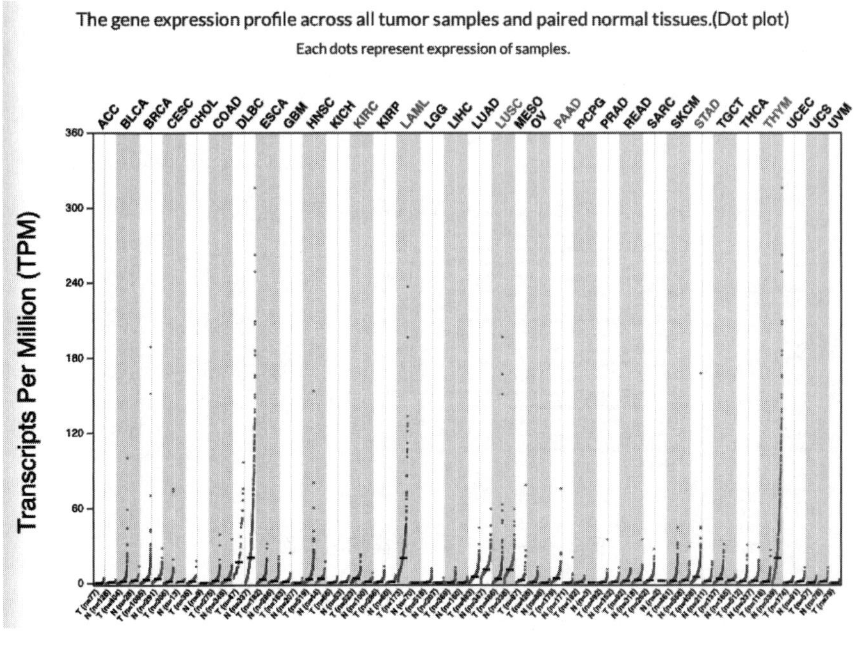

图 2-4-40　ERBB2 基因在各种肿瘤/正常组织表达水平散点图

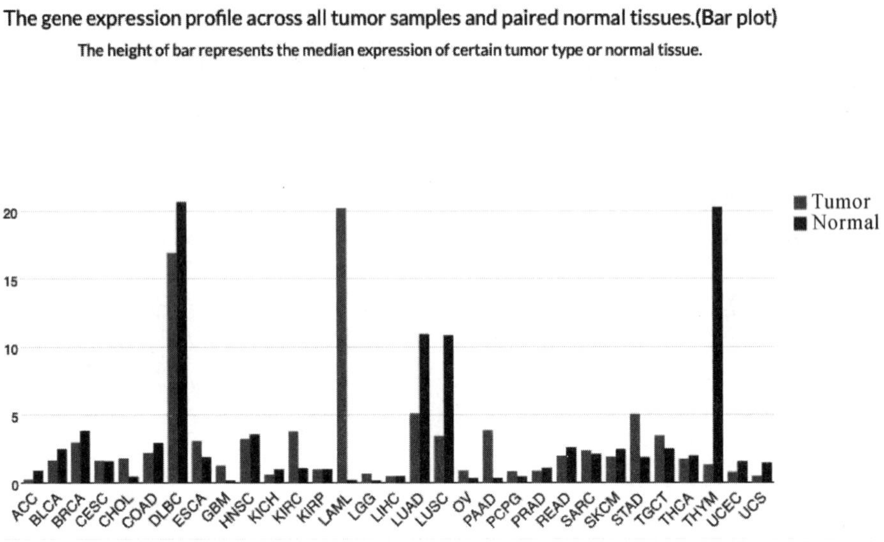

图 2-4-41　ERBB2 基因在各种肿瘤/正常组织表达水平条形图

看不懂癌症分类的缩写没关系，网站非常贴心地在最上面放了一个 "Click here to get the extension of tumor abbreviations"，点击即可显示这些缩写的全称，也不会跳转页面或者弹出新的窗口，如图 2-4-42 所示。

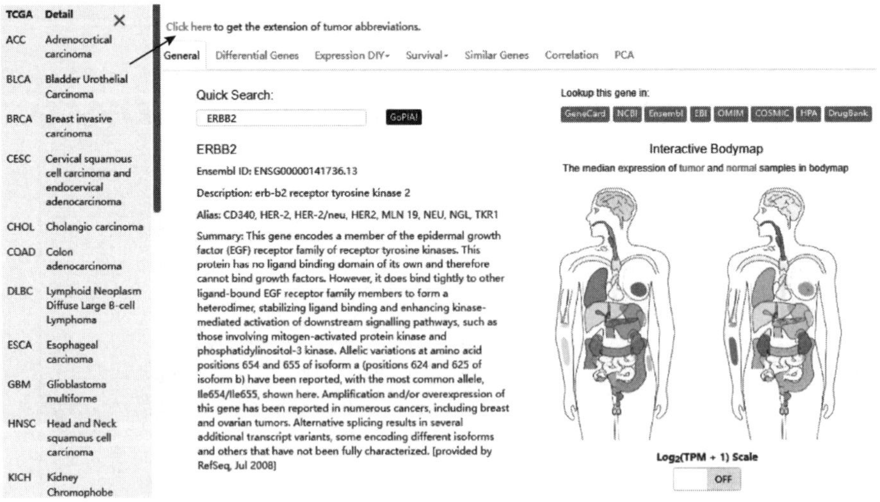

图 2-4-42　癌症分类缩写界面

再往下拉是与正在检索的基因表达类似的基因，点击任意基因的名字就可以进入这个基因的GoPIA检索页面，对它进行单独分析。该页面是新建窗口弹出的，所以不用担心正在检索的基因找不到了，因此也可以同时查看多个基因，如图2－4－43所示。

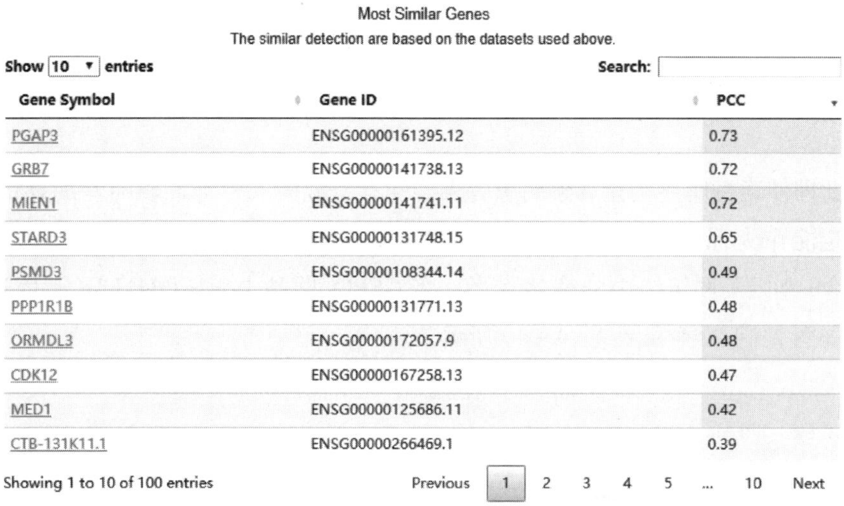
Most Similar Genes

The similar detection are based on the datasets used above.

Show 10 entries Search:

Gene Symbol	Gene ID	PCC
PGAP3	ENSG00000161395.12	0.73
GRB7	ENSG00000141738.13	0.72
MIEN1	ENSG00000141741.11	0.72
STARD3	ENSG00000131748.15	0.65
PSMD3	ENSG00000108344.14	0.49
PPP1R1B	ENSG00000131771.13	0.48
ORMDL3	ENSG00000172057.9	0.48
CDK12	ENSG00000167258.13	0.47
MED1	ENSG00000125686.11	0.42
CTB-131K11.1	ENSG00000266469.1	0.39

Showing 1 to 10 of 100 entries Previous 1 2 3 4 5 … 10 Next

图2－4－43 GEPIA中类似基因界面

以上适用于对目标基因相关信息的检索。此外，该网站的另一大特点就是可以对基因的表达水平作图、进行生存分析等，可通过网络教程学习，网址为：https：//www. jianshu. com/p/8a573533a3fc。

（四）结果利用及案例

案例2－4－5

该申请涉及帕金森病诊断标记物EPB41L4B，发明构思如下：（1）基于正常人与患者的所述基因mRNA的差异表达（上调）筛选疾病相关的基因标志物；（2）QPCR测序验证；（3）设计不同的siRNA组、腺病毒介导的siRNA感染细胞模型，找出有效抑制所述基因表达的siRNA；（4）通过检测相应的siRNA抑制（EPB41L4B）后多巴胺神经元细胞SH－SY5Y细胞的生长，发现抑制EPB41L4B基因的表达可以促进神经细胞的生长。权利要求节选如下所示。

1. 检测 EPB41L4B 基因表达的试剂在制备诊断帕金森病的产品中的应用。

该申请说明书仅仅提供了基因 mRNA 表达量的变化以及该基因表达蛋白质含量的变化情况。基于本领域技术人员的公知常识，对于同一疾病可能有许多相关基因的表达发生变化；不同的疾病也会引起相同基因表达的变化，而且任何一个疾病或者病理状态都会引起非常多的基因的改变。疾病标志物必须对于检测某种疾病具有特异性和高敏感性（能够非常有效地检测出该疾病状态）两方面的特质，否则会导致结果出现假阳性或假阴性，而申请文件的说明书都没有进行上述两方面的验证。

因此即使通过所述实验观察到患者人群样本与健康人样本比较的差别有相关性，也不一定能作为标志物。因为某些基因会在很多组织中表达发生异常。为了明确 EPB41L4B 基因不同组织中的表达水平，在 GEPIA 网站上对 EPB41L4B 基因进行了检索，如图 2－4－44 和图 2－4－45 所示。

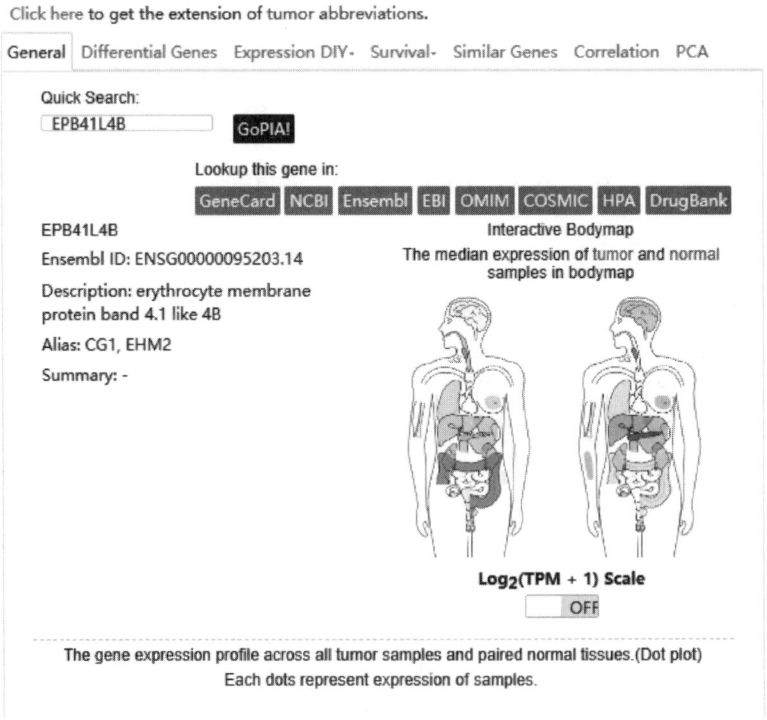

图 2－4－44　EPB41L4B 检索界面一

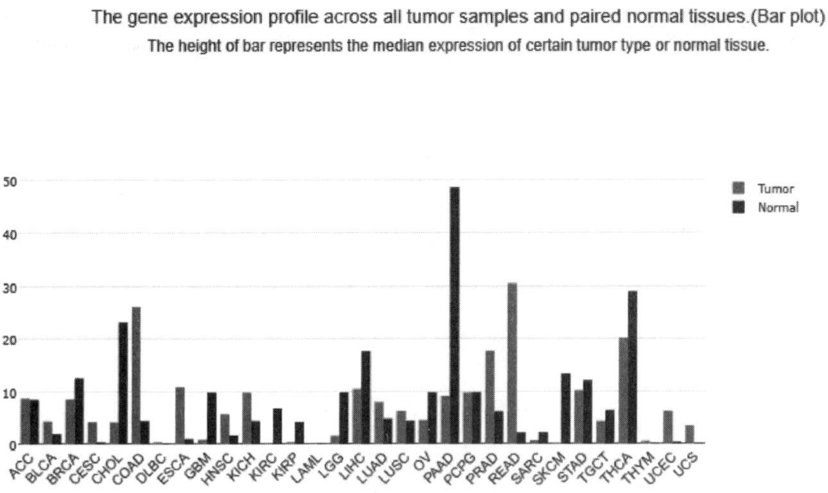

图 2-4-45　EPB41L4B 检索界面二

通过在 GEPIA 网站上检索 EPB41L4B 可知，EPB41L4B 基因在很多组织中也是高表达的，可能不具备组织特异性，因此其不一定适合作为帕金森病的标记物。因此仅从简单的 mRNA 表达量或表达的蛋白质含量有差异，不足以得出所述基因可作为所述疾病标志物的结论。

六、COSMIC 数据库

（一）COSMIC 简介

COSMIC 是 Catalogue Of Somatic Mutations In Cancer 的缩写，即“肿瘤中体细胞突变的目录”，是世界上探索体细胞突变对人类癌症影响最大、最全面的资源，也即目前最大、最全的关于肿瘤中基因突变的数据库。该数据库主要由英国威康信托基金会桑格研究所（Wellcome Trust Sanger Institute）开发和运作，2004 年发布第一个版本，有专业的团队维护，2022 年版本更新至 V95，2021. 11. 24。COSMIC 网址为 https：//cancer. sanger. ac. uk/cosmic，主界面如图 2-4-46 所示。

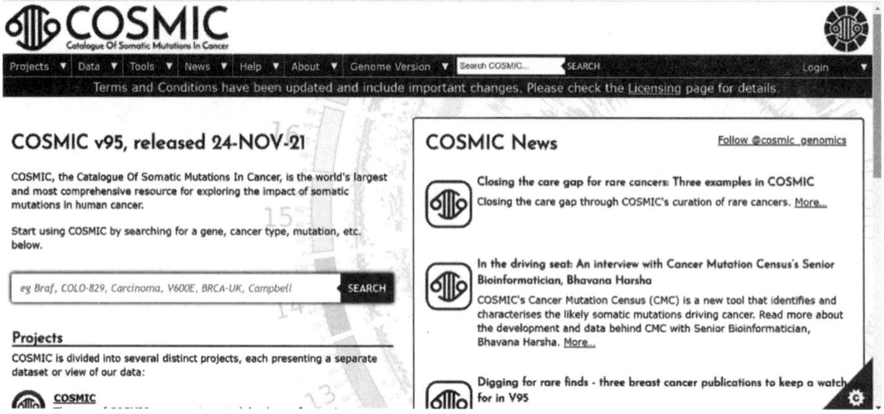

图 2－4－46　COSMIC 主界面

（二）适用场景

COSMIC 数据库是以癌症相关基因为核心，可用于检索癌症相关基因变异信息，通常既包括癌症/肿瘤相关基因的突变位点，也包括癌症治疗药物靶点或耐药性相关突变位点。此外，该数据库还可检索基因的甲基化，相关的 miRNA、lncRNA 等信息。

（三）检索入口及方式

1. 主要的检索工具

COSMIC 的检索工具如图 2－4－47 所示。

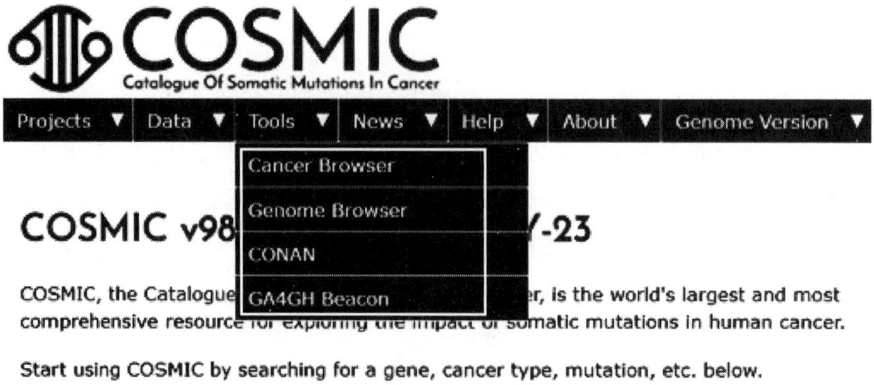

图 2－4－47　COSMIC 检索工具

Cancer Browser：按组织类型和组织学浏览 COSMIC 数据；

Genome Browser：浏览带有 COSMIC 注释的人类基因组；

GONAN：基因拷贝数检索；

GA4GH Beacon：快速查询 COSMIC 数据库中某个突变是否存在并返回 JSON 格式的数据。

2. COSMIC 的检索方式

COSMIC 数据库默认基于 GRCH38 版本的参考基因组，可以根据需要在首页 Genome Version 中选择 GRCH37，切换到基因组版本。以与癌症相关的突变位点进行检索为例，主要可使用两种方式进行检索，即一种是以基因为入口进行检索，另一种是以癌症/肿瘤作为入口进行检索。此外，也可以通过突变位点进行检索。COSMIC 检索对话框如图 2－4－48 所示。

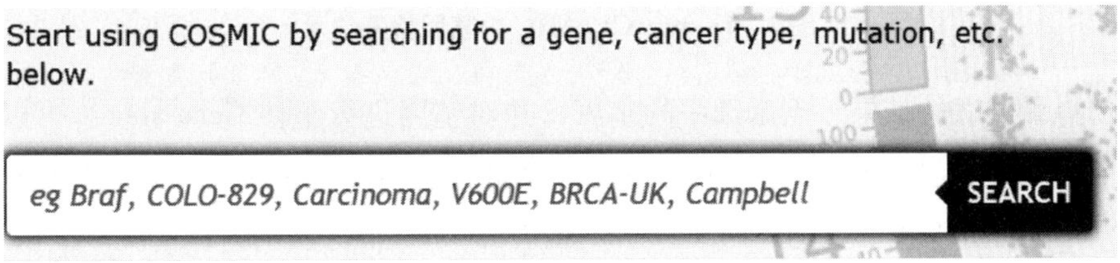
Start using COSMIC by searching for a gene, cancer type, mutation, etc. below.
eg Braf, COLO-829, Carcinoma, V600E, BRCA-UK, Campbell
SEARCH

图 2－4－48　COSMIC 检索对话框

3. COSMIC 检索示例

以标准 COSMIC 模式下的检索为例，通过检索基因来获取相关信息。以原癌基因 EGFR 基因为例，在搜索栏中输入 EGFR，并点击 SEARCH，结果如图 2－4－49 所示。

Entity	Fields	Hits
Gene	Gene name, alternate IDs	8 hits
Mutation	Gene name, mutation string, alternate IDs	16652 hits
SNPs	SNP ID	0 hits
Cancer	COSMIC classification, journal article description	0 hits
Tumour site	Primary tumour site (not including synonyms, such as "colon")	0 hits
Sample	Sample ID, alternate IDs, tumour site	1 hit
PubMed entry	PubMed ID, author names, article title	1657 hits
Study	Study ID, project code, description	0 hits

图 2－4－49　COSMIC 检索结果示例

如图 2－4－50 所示，点击 Gene 查看。

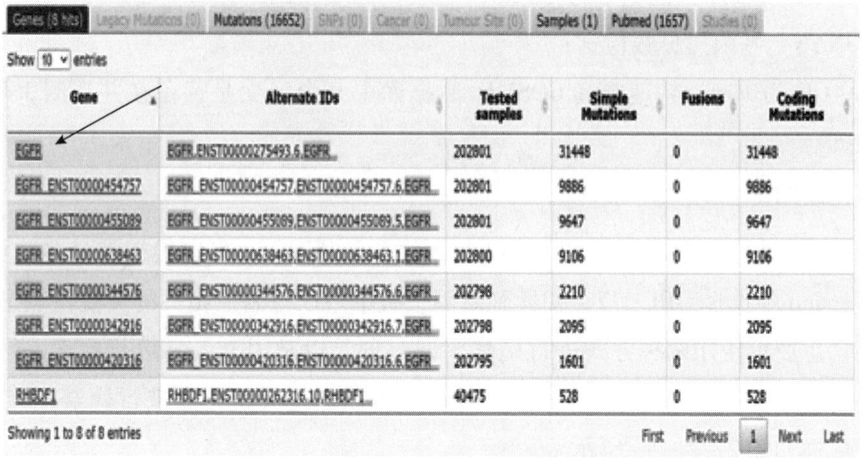
Genes (8 hits) Legacy Mutations (0) Mutations (16652) SNPs (0) Cancer (0) Tumour Site (0) Samples (1) Pubmed (1657) Studies (0)

Show 10 entries

Gene	Alternate IDs	Tested samples	Simple Mutations	Fusions	Coding Mutations
EGFR	EGFR,ENST00000275493.6,EGFR,...	202801	31448	0	31448
EGFR_ENST00000454757	EGFR_ENST00000454757,ENST00000454757.6,EGFR...	202801	9886	0	9886
EGFR_ENST00000455089	EGFR_ENST00000455089,ENST00000455089.5,EGFR...	202801	9647	0	9647
EGFR_ENST00000638463	EGFR_ENST00000638463,ENST00000638463.1,EGFR...	202800	9106	0	9106
EGFR_ENST00000344576	EGFR_ENST00000344576,ENST00000344576.6,EGFR...	202798	2210	0	2210
EGFR_ENST00000342916	EGFR_ENST00000342916,ENST00000342916.7,EGFR...	202798	2095	0	2095
EGFR_ENST00000420316	EGFR_ENST00000420316,ENST00000420316.6,EGFR...	202795	1601	0	1601
RHBDF1	RHBDF1,ENST00000262316.10,RHBDF1...	40475	528	0	528

Showing 1 to 8 of 8 entries　First Previous 1 Next Last

图 2－4－50　COSMIC 中基因检索结果

选择最合适的结果，点击选中的基因，并对基因进行整体 Gene view。可以看到整个基因在突变（insertions/deletions）、拷贝数变异（gain/loss）、基因表达（over/under expression）和甲基化（hyper/hypo methylation）等方面的整体情况。

将鼠标悬停，即可查看相关情况，单击后也可查看详细列表，EGFR 基因的多态性、CNV、表达量、甲基化等信息均有展示（参见图 2－4－51 和图 2－4－52）。此外，页面中还进一步展示了包括基因在基因组中的定位、同义名、3D 结构，基因的其他转录本和序列信息，对 EGFR 突变敏感的药物等信息。

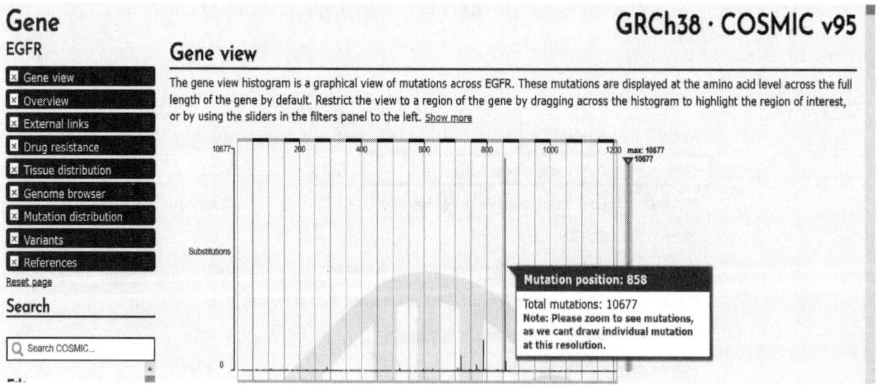

图 2－4－51　COSMIC 中基因概况示例

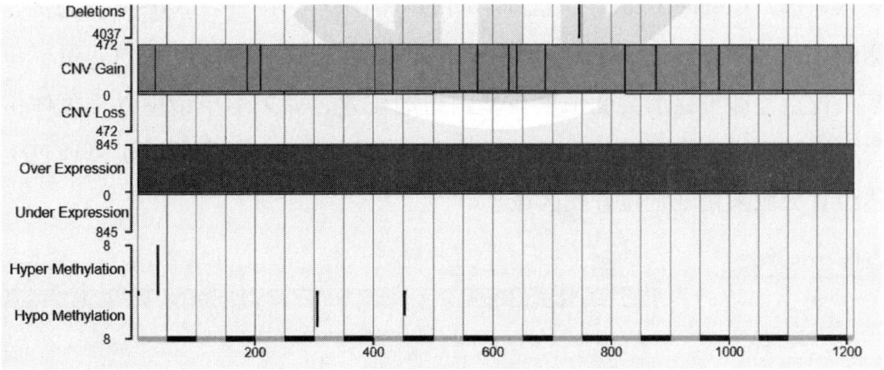

图 2－4－52　COSMIC 中基因详细列表

（1）通过 Genome Browser 查看突变信息

单击页面左栏的 Genome Browser，可以实现基因在整个基因组中的可视化，包括基因层面上可视化基因、转录本、miRNA、非编码 RNA 等；在基因变异的层面可视化编码区的突变、拷贝数变异、基因表达情况、甲基化水平、非编码区域的变异、SNP 信息、结构变异等信息。此处通常因为信息较多而加载较慢，建议在新窗口中打开内容，参见图 2－4－53。

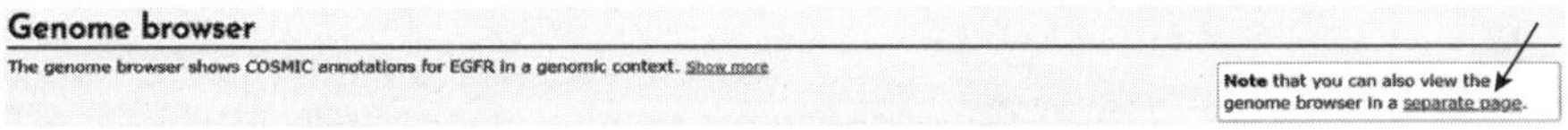

图 2－4－53　打开新窗口的提示界面

如图 2－4－54 所示，在 Genome Browser 页面中，左侧可用于展示数据的筛选，

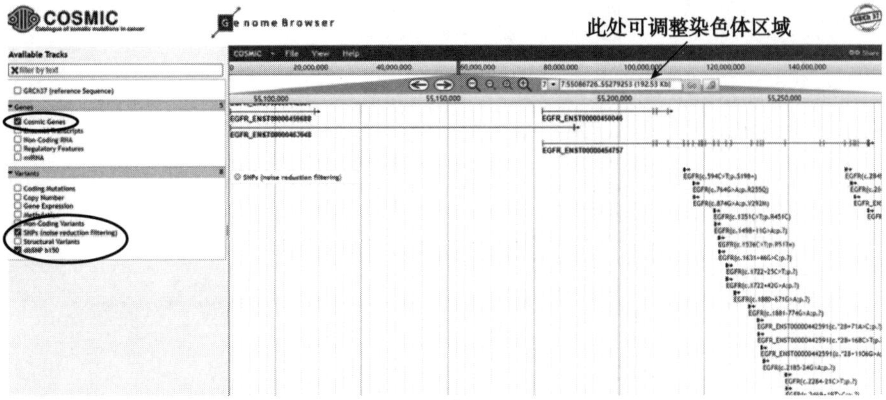

图 2－4－54　Genome Browser 界面

通常默认勾选“Cosmic Genes”，也即不同的基因版本。以查看 SNP 突变为例，可勾选左侧的 SNP 和 dbSNP，即可展示 EGFR 基因上所有收录的 SNP 位点。鼠标单击关心的某一位点，即可显示突变位点在基因组的位置，如果本申请中以染色体位置对 SNP 位点进行标注，即可以此数据进行对比。如图 2 -4 -55 所示，也可通过上方的染色体位置区域来精准定位查找区域。

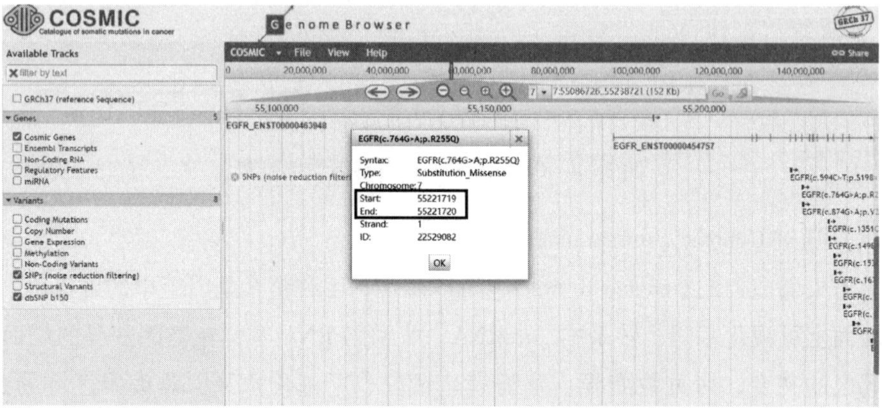

图 2 -4 -55　通过染色体位置区域查找示例

在 dbSNP 数据库中，展示了有 rs 号的 SNP 位点参见图 2 -4 -56。

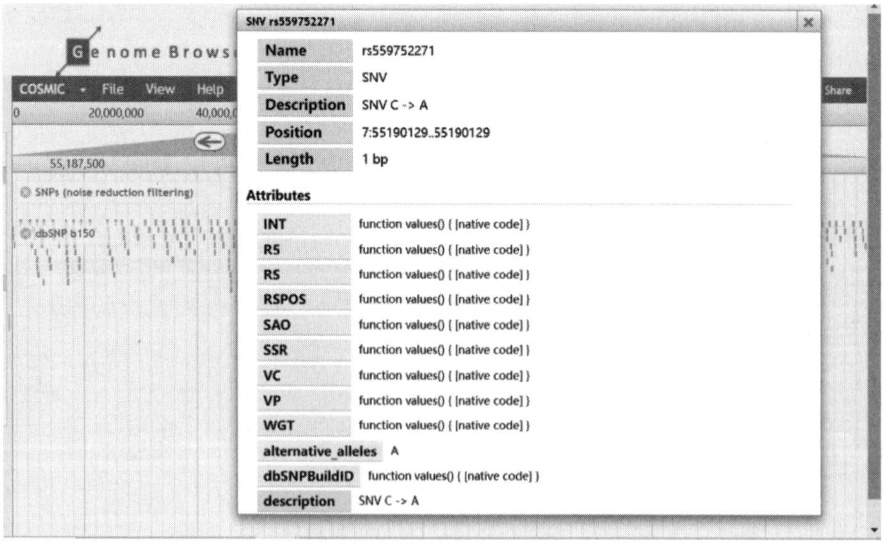

图 2 -4 -56　具有 rs 号的 SNP 位点示例

（2）通过 Variants 查看所有的多态位点

如图 2－4－57 所示，单击页面左栏的 Variants 即可快速跳转，总览所有突变位点。单击查看位点的详细信息，在这个页面中，提供了 Ensembl 等其他数据库的链接，可跳转其他数据库获得公开日等其他信息。

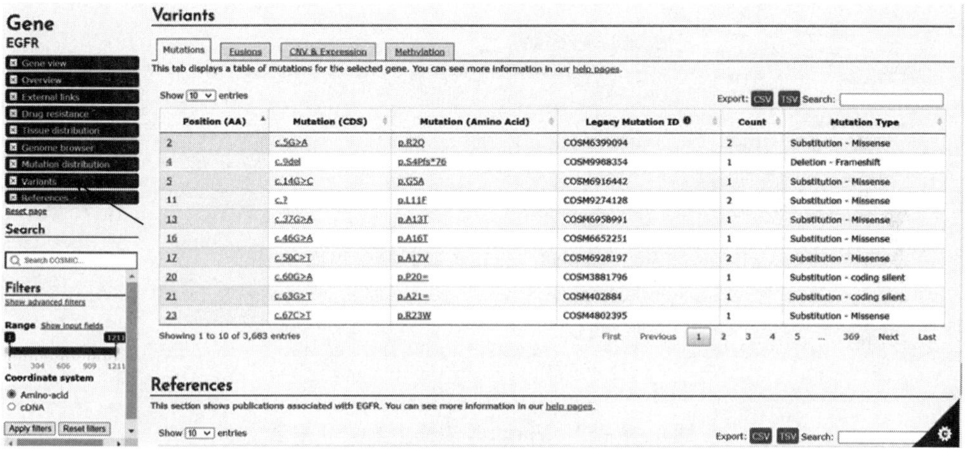

图 2－4－57 Variants 检索界面

（四）结果利用及案例

案例 2－4－6

权利要求节选如下：

1. 请求保护一种 EGFR 基因上与乳腺癌相关的 SNP 分子标记，其位于 7 号染色体 HG19 版本第 5519822 位，使得 EGFR 第 858 位氨基酸由 L 突变为 R。

（1）如前所述，首先检索 EGFR 基因，然后左侧选择以组织进行检索，选择乳腺癌“Breast”，查看详细信息，参见图 2－4－58。注意：此处需单击箭头指向处，如果直接点击 breast 会跳转至其页面。

（2）在跳转页面的“Variants”表格中，根据 SNP 分子标记的基因/氨基酸位置，可以找到如图 2－4－59 所示信息。

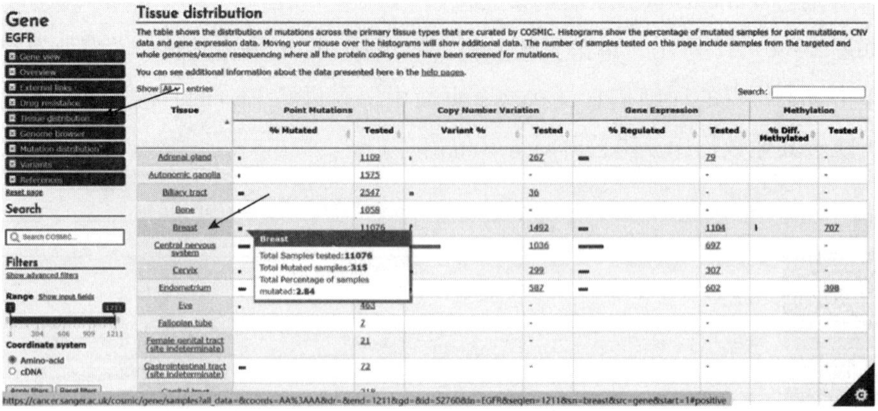

图 2-4-58　EGFR 基因检索界面

图 2-4-59　Variants 表格中 EGFR 信息

继续查看详细信息，可知其在染色体位置与本申请一致，即公开了本申请所述位点，参见图 2-4-60。

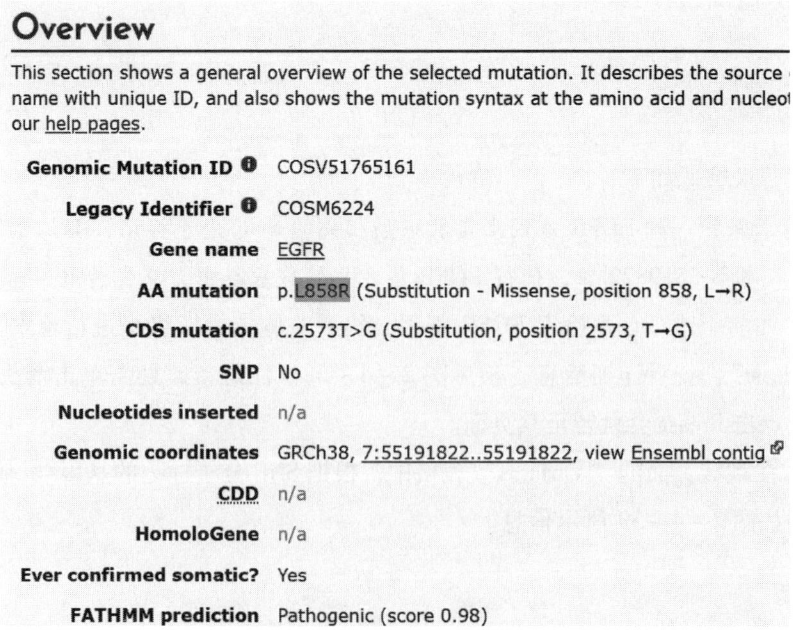

图 2-4-60　EGFR 详细信息

页面中展示了公开上述 SNP 位点的 PUBMED 文章信息，可浏览文章，获得公开日，或者使用相关文献作为对比文件，参见图 2 –4 –61。

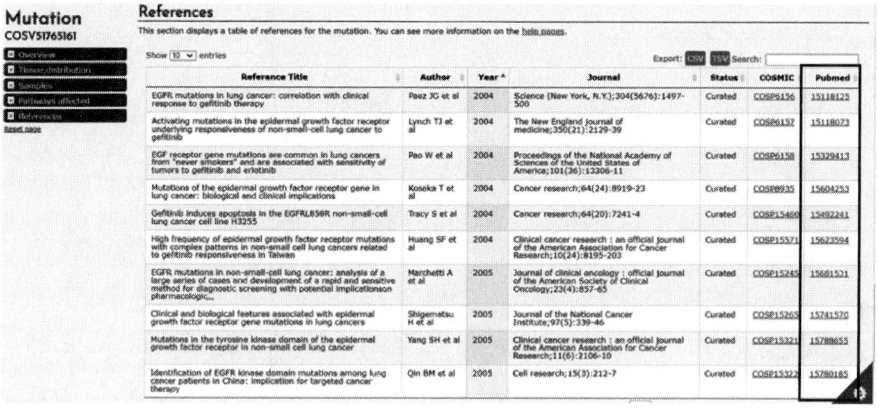

Mutation
COSV51765161

Overview
Tissue distribution
Samples
Pathways affected
References
Reset page

References

This section displays a table of references for the mutation. You can see more information on the help pages.

Show 10 entries

Export: CSV TSV Search:

Reference Title	Author	Year	Journal	Status	COSMIC	Pubmed
EGFR mutations in lung cancer: correlation with clinical response to gefitinib therapy	Paez JG et al	2004	Science (New York, N.Y.);304(5676):1497-500	Curated	COSP6156	15118125
Activating mutations in the epidermal growth factor receptor underlying responsiveness of non-small-cell lung cancer to gefitinib	Lynch TJ et al	2004	The New England journal of medicine;350(21):2129-39	Curated	COSP6157	15118073
EGF receptor gene mutations are common in lung cancers from "never smokers" and are associated with sensitivity of tumors to gefitinib and erlotinib	Pao W et al	2004	Proceedings of the National Academy of Sciences of the United States of America;101(36):13306-11	Curated	COSP6158	15329413
Mutations of the epidermal growth factor receptor gene in lung cancer: biological and clinical implications	Kosaka T et al	2004	Cancer research;64(24):8919-23	Curated	COSP8935	15604253
Gefitinib induces apoptosis in the EGFRL858R non-small-cell lung cancer cell line H3255	Tracy S et al	2004	Cancer research;64(20):7241-4	Curated	COSP15460	15492241
High frequency of epidermal growth factor receptor mutations with complex patterns in non-small cell lung cancers related to gefitinib responsiveness in Taiwan	Huang SF et al	2004	Clinical cancer research : an official journal of the American Association for Cancer Research;10(24):8195-203	Curated	COSP15571	15623594
EGFR mutations in non-small-cell lung cancer: analysis of a large series of cases and development of a rapid and sensitive method for diagnostic screening with potential implicationson pharmacologic...	Marchetti A et al	2005	Journal of clinical oncology : official journal of the American Society of Clinical Oncology;23(4):857-65	Curated	COSP15245	15681531
Clinical and biological features associated with epidermal growth factor receptor gene mutations in lung cancers	Shigematsu H et al	2005	Journal of the National Cancer Institute;97(5):339-46	Curated	COSP15265	15741570
Mutations in the tyrosine kinase domain of the epidermal growth factor receptor in non-small cell lung cancer	Yang SH et al	2005	Clinical cancer research : an official journal of the American Association for Cancer Research;11(6):2106-10	Curated	COSP15321	15788655
Identification of EGFR kinase domain mutations among lung cancer patients in China: implication for targeted cancer therapy	Qin BM et al	2005	Cell research;15(3):212-7	Curated	COSP15322	15780185

图 2 –4 –61 SNP 位点 PUBMED 文章信息

COSMIC 网站内置使用教程视频，可根据需要观看学习，网址为：https：//cancer. sanger. ac. uk/cosmic/help/tutorials。

七、Gramene Database 数据库

（一）Gramene Database 简介

Gramene Database 是 Cold Spring Harbor Laboratory、Oregon State University 和 EMBL – EBI 的合作成果，综合了水稻、玉米、高粱、小麦、大麦以及模式生物拟南芥等多种农作物基因组信息的数据库，同时具备基因组组间的分析功能。其综合了这些作物的 QTL data、Comparative maps、Alleles Database、Markers Database、Proteins Database、Ontologies Database、Cyc Pathways 等数据信息。该数据库保留了原始数据源数据，但也重新分析并整合成图谱、标记、基因、蛋白质、表型等多个信息模块。这使得研究人员能够利用这些信息资源来破译生物系统组成部分之间已知和预测的相互作用，以及这些相互作用如何调节植物发育。网址为 http：//www. gramene. org/，主界面如图 2 –4 –62 所示。

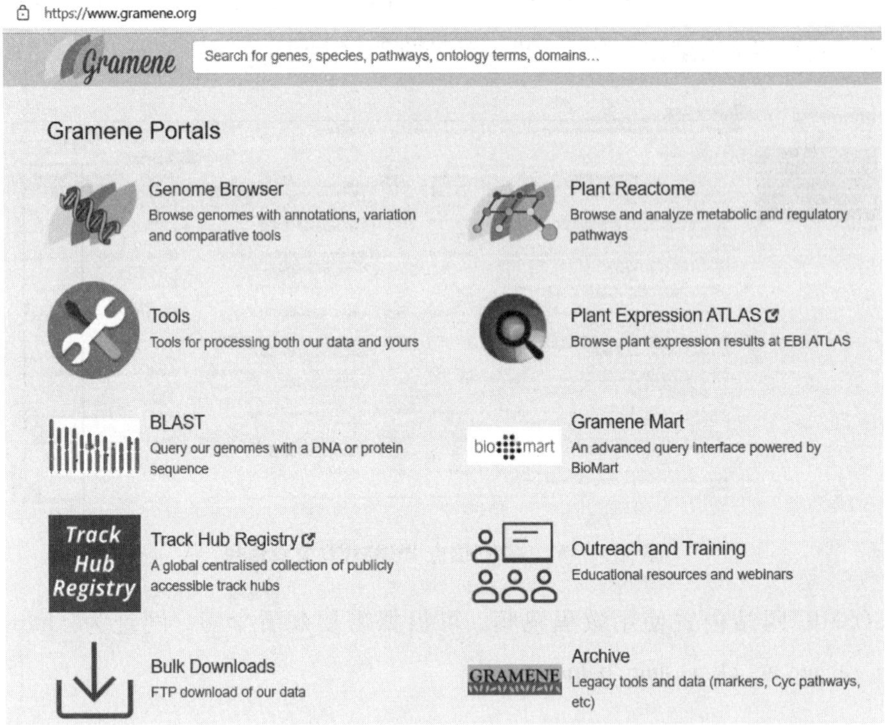

图 2－4－62　Gramene Database 数据库主界面

（二）适用场景

Gramene Database 数据库适用的物种为水稻、玉米、高粱、小麦、大麦、葡萄以及模式生物拟南芥等多种农作物，可检索的基因信息有：基因名称、引物、探针位置、SNP 分子标记、SSR 分子标记、QTL、RFLP 等。该数据库可以基于分子标记的名称或者扩增引物进行检索。

（三）检索入口及方式

（1）打开 Gramene Database 数据库，该数据库包含多个功能模块，点击 Gramene Archive 模块（参见图 2－4－63），可以看到 QTL data、Markers database 等信息；点击 Gramene Markers Database（参见图 2－4－64），进入分子标记检索模块，点击 Markers Search 栏即可进行分子标记的检索。

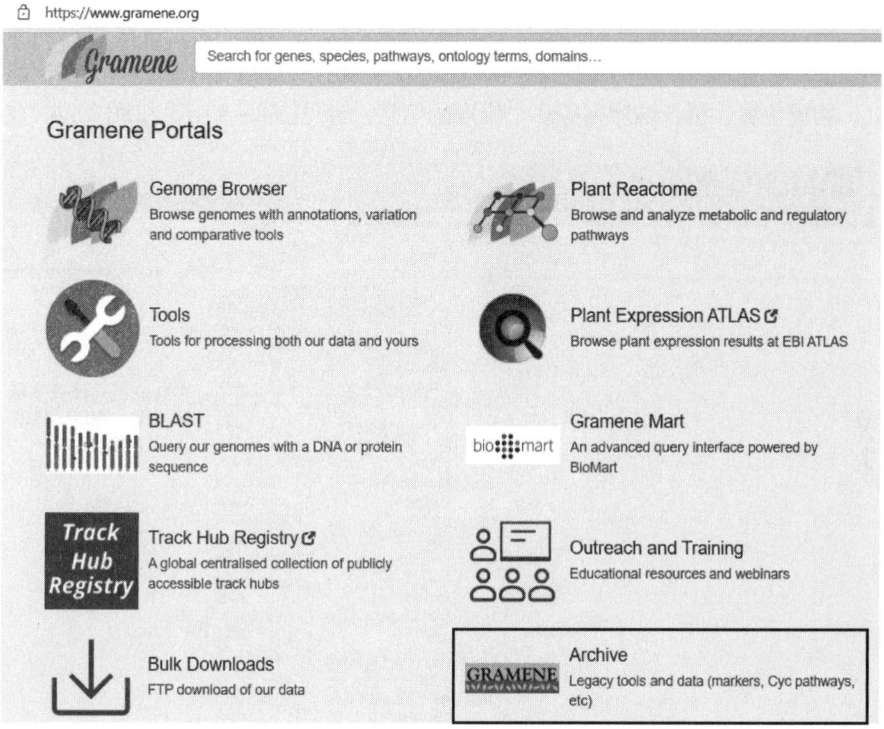

图 2-4-63 Gramene Archive 的详细位置

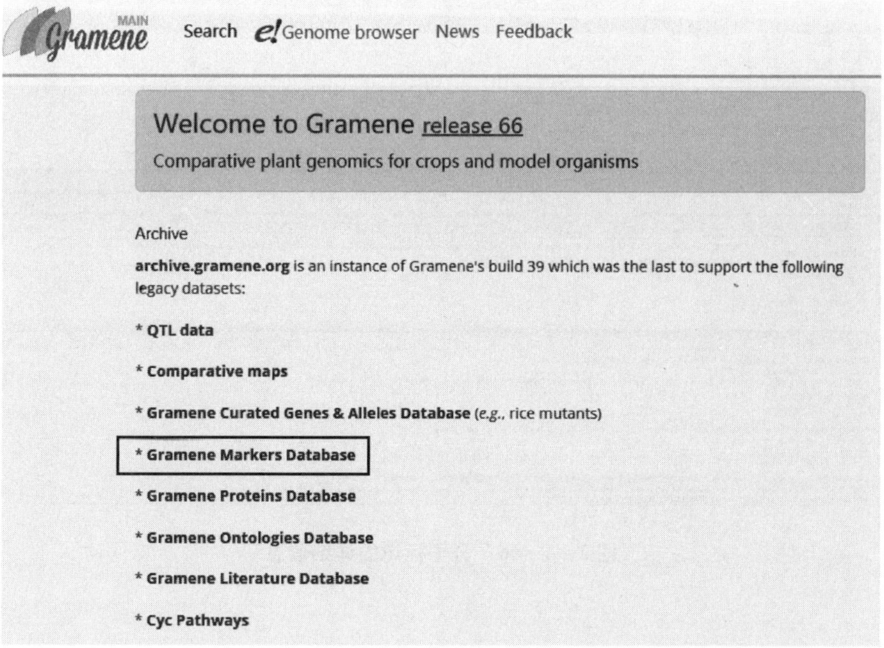

图 2-4-64 Gramene Markers Database 的详细位置

（2）在 Markers Search 界面，可在 Type 栏中选择需要检索的分子标记类型，比如 AFLP、SSR、SNP 等，在左侧 Find 栏输入分子标记名称进行检索，即可获取分子标记引用出处、物理位置、核苷酸序列等多个维度的信息，参见图 2－4－65 和图 2－4－66。

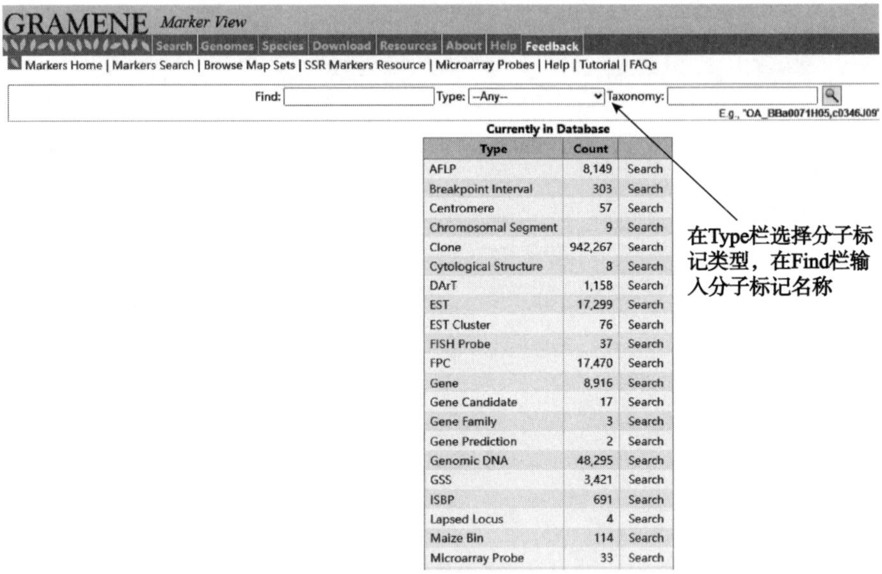

图 2－4－65　Markers Search 界面

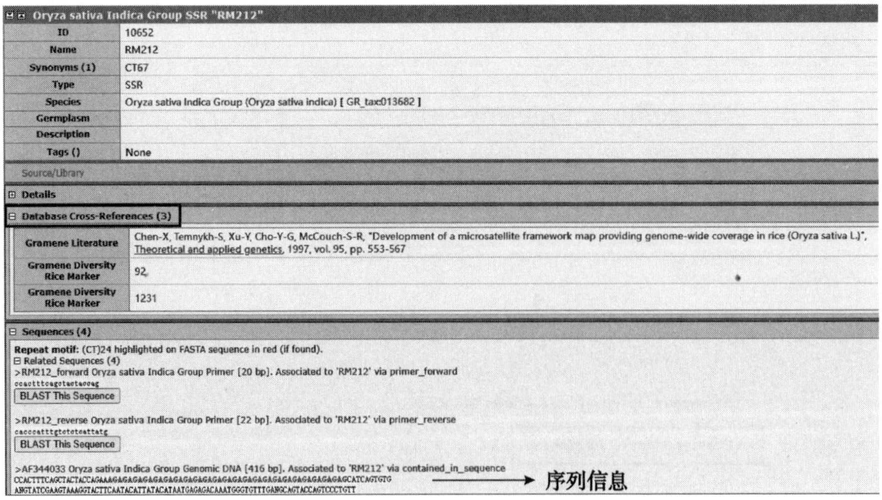

图 2－4－66　分子标记的详细信息

（四）结果利用及案例

案例 2-4-7

该申请涉及一种快速鉴定杂交水稻种子纯度的方法，以 SEQ ID NO. 1—48 所述的 24 对引物进行筛选，找出供试水稻种子双亲互补的带型清晰的多态性引物进行 PCR 扩增，对扩增产物进行电泳，统计带型结果，进而计算杂交水稻种子的纯度。该申请权利要求书节选如下。

1. 一种用于快速鉴定杂交水稻种子纯度的引物组，其特征在于，包括核苷酸序列如 SEQ ID NO. 1—48 所示的 24 对引物。

方法一：在 Markers Home 横栏点击 SSR Markers Resource，即可看到汇总了多个 SSR 标记的 HTML Table。在 Table 里可以通过分子标记名称或者检测引物搜索查找，比如输入 RM212，可获取文件 1（*SSR Primers*，Mc Couch et al.，Gramene Database，第 1—54 页），其公开了权利要求 1 中 24 个 SSR 标记及其具体引物 SEQ ID NO. 1—48，参见图 2-4-67 和图 2-4-68。

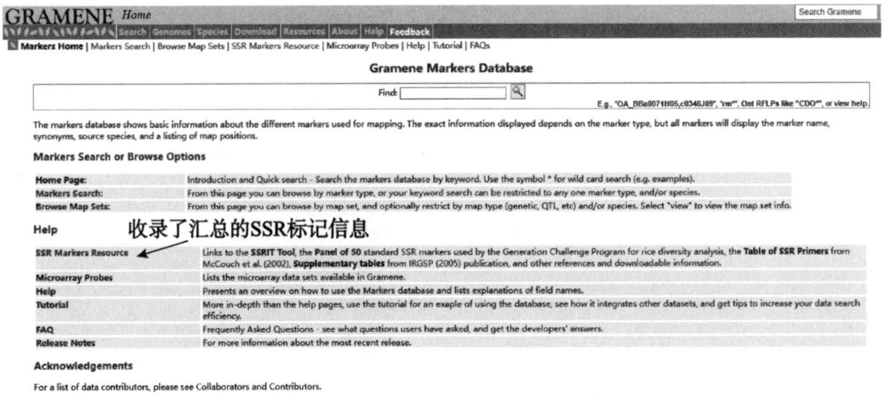

图 2-4-67　SSR Markers Resource 位置信息

方法二：在 Markers Search 界面，可以在 Type 栏选择需要检索的分子标记类型，比如 AFLP、SSR、SNP 等，在左侧输入分子标记名称（比如 RM212）进行检索，即可获取分子标记出处、物理位置等多个维度的信息，参见图 2-4-69。

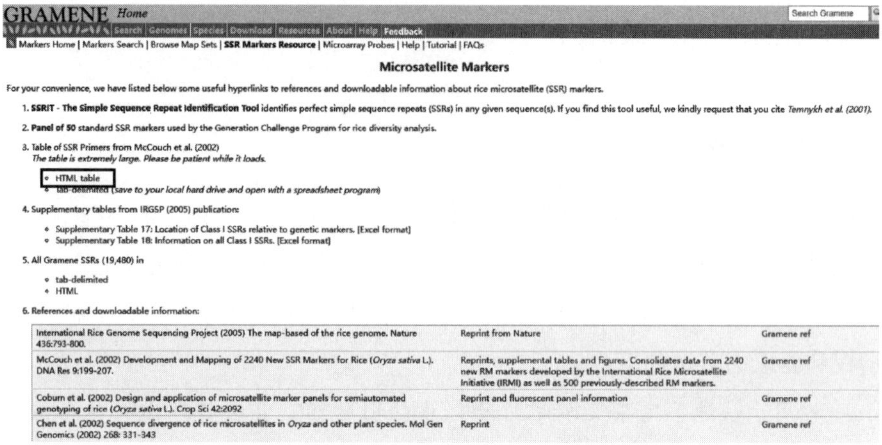

图 2-4-68　HTML Table 位置信息

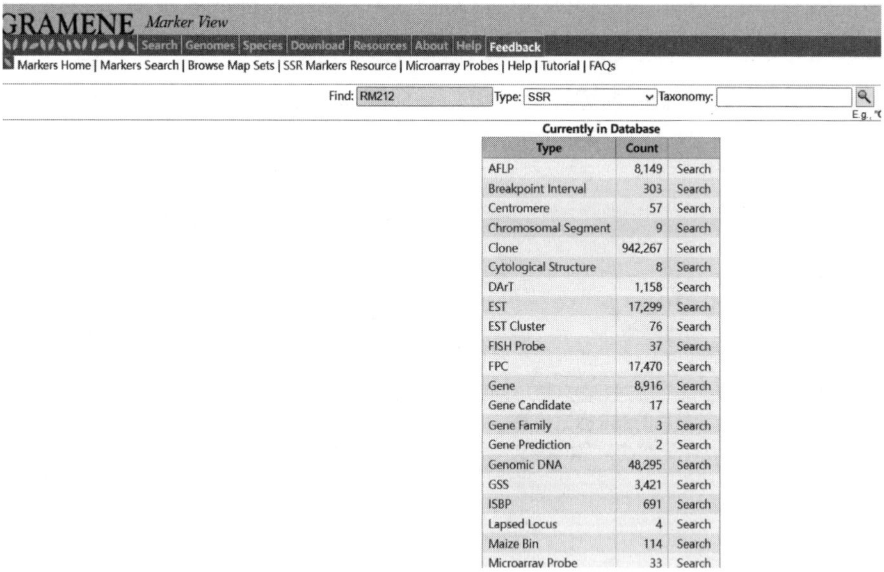

图 2-4-69　Markers Search 界面

综上，获得文件 1（*SSR Primers*，Mc Couch et al.，Gramene Database，第 1—54 页），其公开了权利要求 1 中的 24 个 SSR 标记及其具体引物 SEQ ID NO. 1—48，可用于评述权利要求 1 的新颖性。

八、中国专利生物序列检索系统

（一）中国专利生物序列检索系统简介

中国专利生物序列检索系统提供了从中国专利行政机构受理的专利申请文件中提取出的生物序列。截至2023年该数据库与GenBank、EMBL和DDBJ没有实现数据交换，因此是检索、比对国内专利申请涉及的生物序列的重要手段。

中国专利生物序列检索系统网址为http：//10.160.28.15：7070/，主界面如图2－4－70所示。

图2－4－70　中国专利生物序列检索系统主界面

（二）适用场景

该系统可用于检索、比对国内专利申请涉及的生物序列，以及标志物基因序列、检测靶序列、引物序列、抗体序列、多肽等的检索和比对。

（三）检索入口及方式

该系统的检索入口及检索结果示例分别如图 2 -4 -71 及图 2 -4 -72 所示。

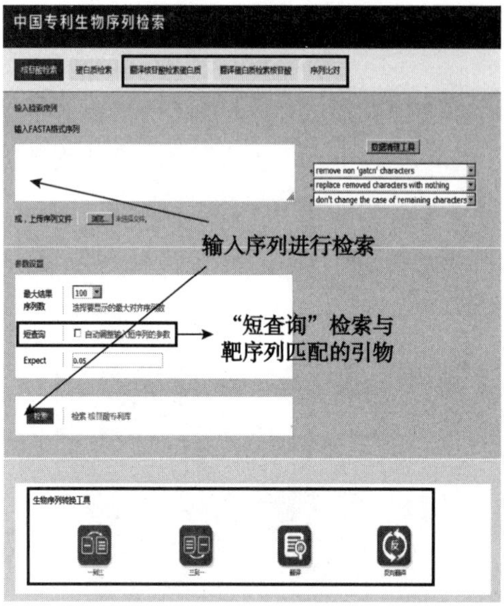

图 2 -4 -71　中国专利生物序列检索系统检索入口

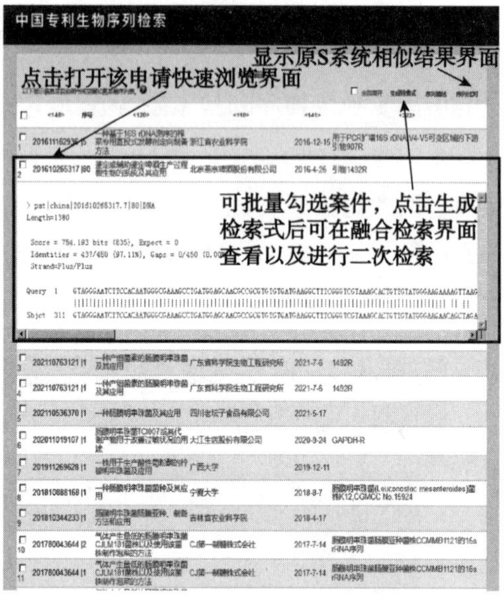

图 2 -4 -72　中国专利生物序列检索系统检索结果示例

（四）结果利用及案例

涉及引物序列或其扩增靶标区域的技术方案难以依靠传统的关键词或分类号等方式进行检索。基于关键词（如靶基因）等检索的效率往往较低，难以直接命中扩增靶区域与本申请扩增靶区域相邻或重叠的现有技术文献，只能根据基于关键词获得的结果进行人工比对。当涉及研究较成熟的检测对象（HPV、流感病毒等），关键词获得的文献是海量的，无法针对每个结果进行比对核实，且可能遗漏未写明靶基因的对比文件。下述案例 2 -4 -8 和案例 2 -4 -9 通过“短查询”和“生成检索式”功能实现快速检索、筛选获得对比文件。

案例 2 -4 -8

该发明涉及 HPV 检测技术领域，针对 HPV 基因组特定的靶区域设计引物对序列进行检测。权利要求节选如下所示。

1. 一种检测 HPV 的试剂，其特征在于，所述试剂包括用于检测 HPV16 型的第一核酸组和/或用于检测 HPV18 型的第二核酸组；

其中，所述第一核酸组检测的靶区域 A 选自 HPV16 型 L1 基因的第 27—1101 位碱基的区域；所述第二核酸组检测的靶区域……。

2. 根据权利要求 1 所述的检测 HPV 的试剂，其特征在于，所述靶区域 A 包括如下区域中的任意一种或几种的组合：区域 1—区域 5；……区域 2 选自 HPV16 型 L1 基因的第 27 位—150 位碱基的区域……。

4. 根据权利要求 2 或 3 所述的检测 HPV 的试剂，其特征在于，所述第一核酸组包括用于检测靶区域 A 的引物对和/或探针；……用于扩增所述区域 2 的核酸组合 2，其包括序列如 SEQ ID No. 3—4 所示的引物对 2，或与所述引物对 2 具有至少 90% 序列同一性的引物对。

基于权利要求 4 中限定的引物对扩增的靶区域（如 HPV16 L1 基因的第 27—150 位碱基区域）序列作为比对序列，勾选“短查询”并进行检索，相关检索界面如图 2－4－73 所示。

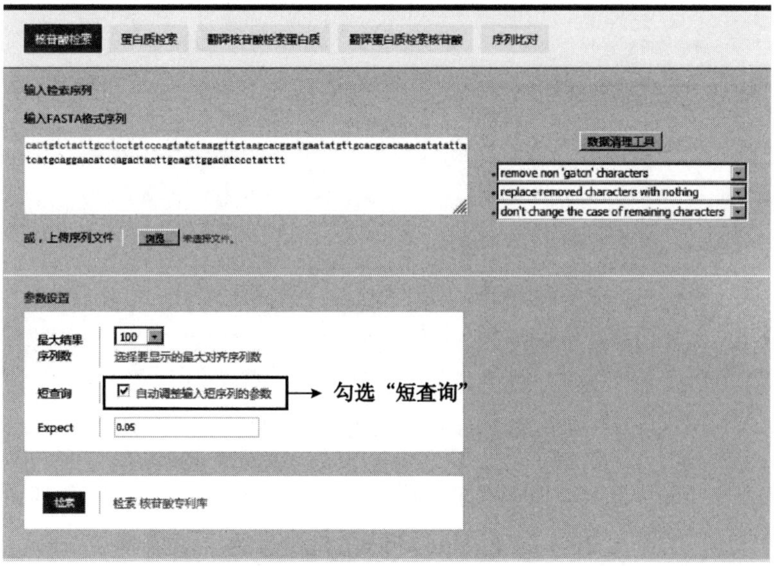

图 2－4－73 相关检索界面

基于 BLAST 比对的给分原则需依赖于比对上的碱基数目，而想要的目标是专利库的短引物序列，理想命中结果的比对分数是相对较低的，因此从最后结果开始浏览，获得比对结果，如图 2－4－74 所示。

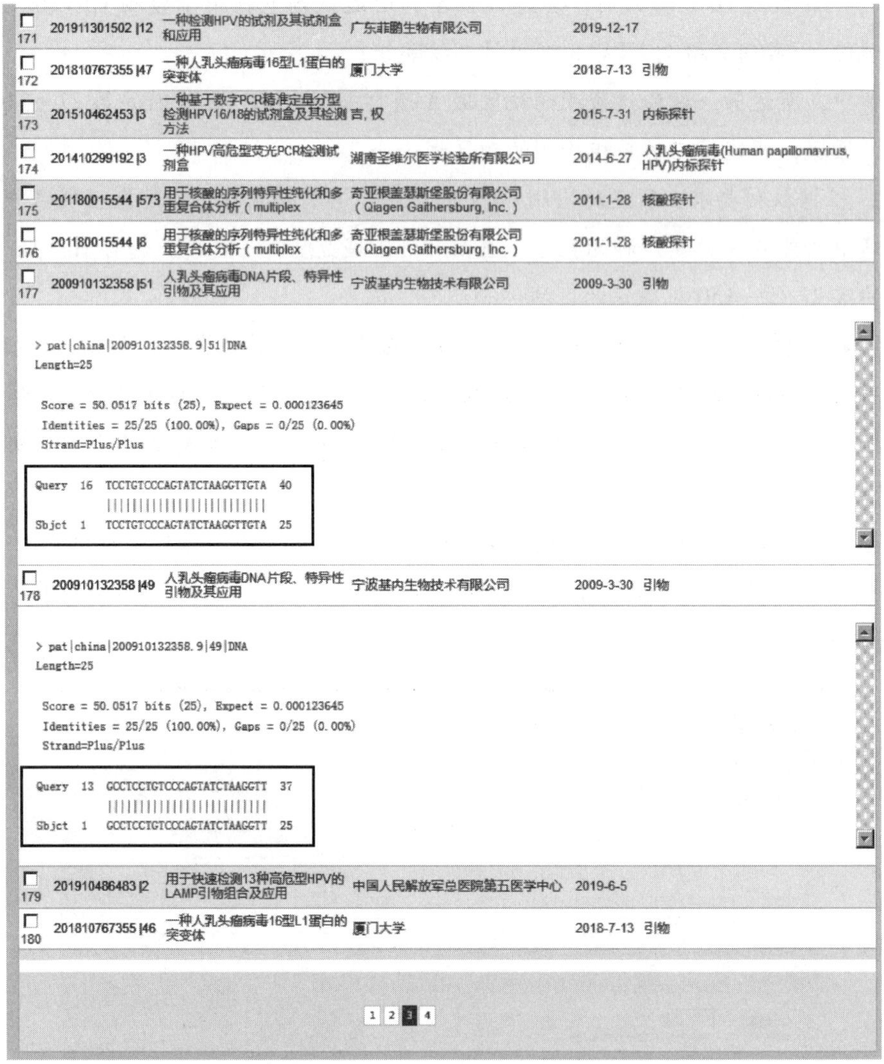

图 2-4-74　检索结果示例

根据比对结果（sbjct）本身的起始位置可以高效分辨出该结果在其所在的专利文献中是否以“引物”（20+bp 短序列）形式存在，然后根据其在 query 上的位置，便可清楚判断出命中该“引物”的扩增区域与涉案权利要求中引物扩增区域的重叠程度（或距离远近）。

通过上述检索，获得用于评述权利要求 1—3 新颖性以及其他权利要求创造性的对比文件：CN 103540682A（HPV 16）、CN 109554506A（HPV 18）。

案例 2-4-9

该申请涉及荧光定量 PCR 检测流感病毒滴度的方法，包括分别针对甲型流感病毒设计引物、探针序列 SEQ ID NO. 1-3，扩增片段序列如 SEQ ID NO. 4 所示；针对乙型流感病毒设计引物、探针序列 SEQ ID NO. 5-7，扩增片段序列如 SEQ ID NO. 8 所示；通过荧光定量 PCR 方法分别检测，根据扩增曲线计算 Ct 值，计算待测样品拷贝数；通过拷贝数计算病毒浓度，转换得到病毒滴度。权利要求节选如下所示。

1. 一种荧光定量 PCR 检测流感病毒滴度的方法，其特征在于，包括以下步骤：

（1）提取待测样品 RNA；

（2）配制 PCR 反应液；

（3）取待测样品 RNA 和标准品，稀释后分别加入 PCR 反应液中，并通过荧光 PCR 扩增仪进行扩增检测，分别得到待测样品的扩增曲线和标准品的标准曲线；

（4）分析待测样品的扩增曲线并计算对应的 Ct 值，判断样品的阴阳性，并根据 Ct 值基于标准曲线计算待测样品的拷贝数，通过拷贝数计算病毒浓度，转换得到病毒滴度。

…………

4. 根据权利要求 3 所述的一种荧光定量 PCR 检测流感病毒滴度的方法，其特征在于，选取甲型流感病毒反应液时，PCR 扩增片段序列如 SEQ ID NO. 4 所示。

5. 根据权利要求 2 所述的一种荧光定量 PCR 检测流感病毒滴度的方法，其特征在于，选取乙型流感病毒反应液时，其中包括：RT-PCR 缓冲液、上游引物、下游引物和荧光探针，上游引物的基因序列如 SEQ ID NO. 5 所示；下游引物的序列如 SEQ ID NO. 6 所示；荧光探针的基因序列如 SEQ ID NO. 7 所示。

6. 根据权利要求 5 所述的一种荧光定量 PCR 检测流感病毒滴度的方法，其特征在于，选取乙型流感病毒反应液时，PCR 扩增片段序列如 SEQ ID NO. 8 所示。

对于病毒定量检测类型案例的检索，需要同时比对检测靶标、检测方法和检测效果（如灵敏度）等。首先通过引物、探针序列在融合检索界面中检索，获得单/多条序列相同或相近的结果，但结果中未筛选获得检测方法相同以及检测灵敏度相当或更优的对比文件。

以乙型流感病毒为示例，利用智能检索系统中生物序列检索入口，检索乙型流感病毒 SEQ ID NO. 8 靶序列，如图 2-4-75 所示。

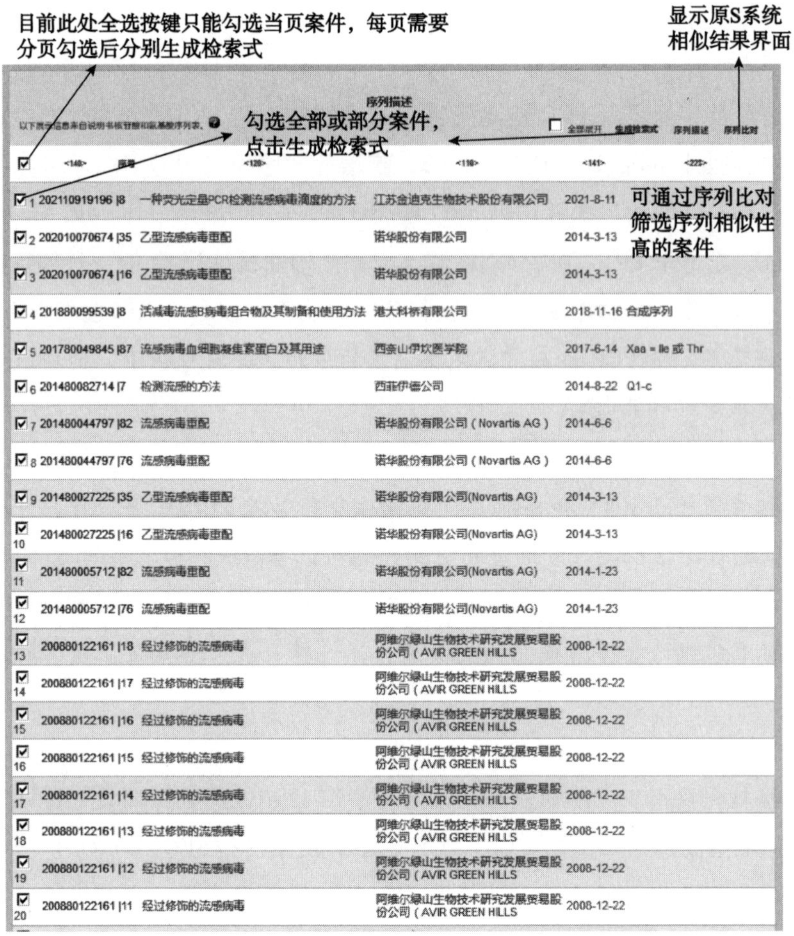

图 2-4-75　乙型流感病毒 SEQ ID NO.8 检索结果

检索结果中的文件存在与该申请靶序列匹配或部分匹配的序列，从而获得扩增靶标区域或与该申请扩增靶标区域重叠的检索结果，然后再通过“生成检索式”的功能批量推送到融合检索界面，参见图 2-4-76。

融合检索界面生成生物序列检索结果，可通过概览、详览或二次检索方式筛选对比文件，最终获得检测方法相同、检测效果相当的文件 1（CN112760415A），可用于评述权利要求 1 的创造性。

案例 2-4-8 和案例 2-4-9 利用智能检索系统的特殊领域检索——生物序列检索中“短查询”“生成检索式”功能，基于扩增靶标区域序列进行检索，结合比对算法的给分原则进行引物检索结果筛选、批量推送序列比对结果到融合检索界面，提高引物、扩增靶标区域的检索效率以及生物序列检索结果的筛选效率。

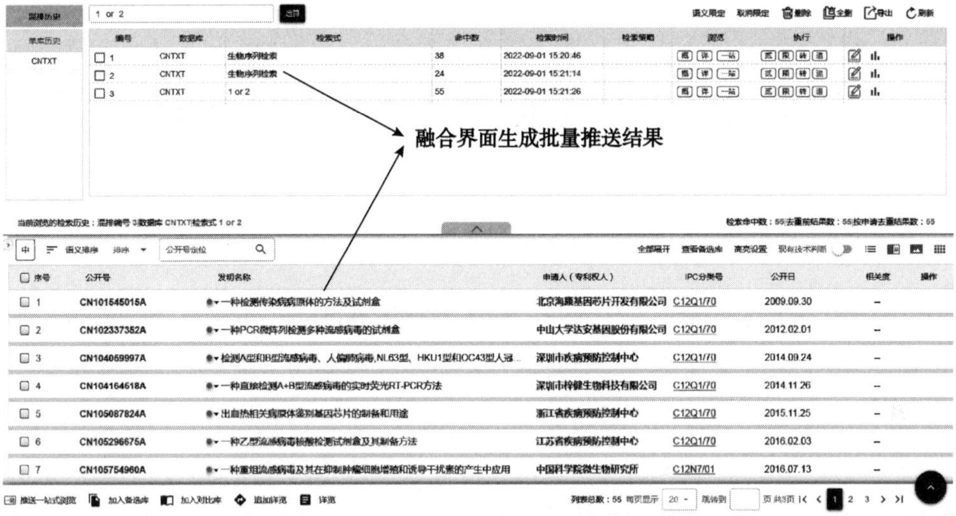

图 2－4－76　融合检索界面

第三章　分子标记技术专利的审查

在分子标记技术专利审查实践中，除了前面所述特色序列数据库的检索，还存在权利要求撰写形式复杂多变、审查涉及法条多样等问题。本书基于实质审查和复审案件的分析，针对重点热点分子标记技术案件常涉及的新颖性，创造性，授权客体，说明公开不充分、不支持、不清楚，单一性等法条运用事宜，归纳出典型情形并结合实际案例给出对应的处理建议，希望对相关从业人员在实践中提高专利撰写或审查质量和效率有所帮助。

第一节　分子标记技术专利的特点

一、权利要求撰写形式多样

以基因与生物领域典型分子标记如 SNP、非编码 RNA、SSR 为代表的专利申请，特点主要体现在以下几个方面：第一，产品权利要求的撰写形式多样，除了常见的序列限定，还有通过 rs 号、位置信息、引物序列、方法等描述分子标记；第二，请求保护分子标记的检测引物、探针及其试剂盒最常见；第三，请求保护的检测方法或应用，可能涉及疾病诊断方法。下面对典型分子标记案例的权利要求常见撰写形式进行归纳。

1. 分子标记产品权利要求

分子标记产品权利要求的撰写形式主要体现在对分子标记描述方式的多样性，如序列限定、数据库特定编号限定（如 SNP 的 rs 号、miRNA 的 miR）、分子标记位置的描述、用于扩增或检测分子标记的引物对和/或探针、SSR 分子标记的指纹图谱、分子标记的制备方法步骤。具体撰写形式通常有：

（1）一种用于……的分子标记，其序列如……所示，一种用于检测乳腺癌的miRNA，其序列如SEQ ID NO：1所示，一种与黄瓜苦味性状相关的SNP标记，其特征在于，其位于编码黄瓜Csa6G088690蛋白的基因序列第1178bp处，此处碱基为G的黄瓜苦味，此处碱基为A的黄瓜不苦；所述编码黄瓜Csa6G088690蛋白的基因序列如SEQ ID No.2所示。

（2）一种用于……的miRNA，所述miRNA选自miR－A、miR－B、miR－C……中的一种或多种。

（3）一种香菇香九菌种的SSR标记指纹图谱，该指纹图谱由7对基于香菇基因组序列开发的SSR标记的特异等位片段组合而成，7对SSR标记在香菇香九菌种上扩增的等位片段信息具体为……。

（4）一种……分子标记，其来源于棉花，其扩增引物对如SEQ ID NO：1—2所示。

（5）一种用于……性状辅助选择育种的分子标记，其特征在于，按照下列步骤获得……。

2. 分子标记的检测引物/探针产品权利要求

该类权利要求是基于分子标记的引物/探针撰写成相关试剂或试剂盒等产品权利要求，其实质请求保护的是分子标记的引物对或探针。具体撰写形式通常有：

（1）一种用于检测……的引物对，所述引物对用于定量检测样本中miRNA表达水平，所述miRNA为miR……。

（2）一种用于检测……的试剂盒，包括用于检测样本中SNP的试剂，所述SNP选自rs1、rs2……中的一种或多种，所述试剂是引物对和/或探针……。

3. 方法或用途权利要求

方法或用途权利要求常见的撰写形式主要有检测方法、筛选方法、制备用途等，一般会限定具体的方法步骤或用途。在进行方法类权利要求的保护范围解读时，权利要求中记载的技术特征通常会对其保护范围产生影响。主要包括以下两类：

（1）用途权利要求的撰写形式通常有：

①一种……分子标记在检测……性状中的应用；②一种……分子标记在制备……试剂或试剂盒中的应用；③检测……分子标记表达量的试剂在检测……中的应用；④检测……分子标记表达量试剂在制备……试剂或试剂盒中的应用。

（2）检测、筛选方法权利要求的撰写形式通常有：

①一种检测……性状的方法；②一种利用……分子标记辅助植物育种的方法；③一种……分子标记的筛选方法；④一种具有的……性状的动物/植物的筛选或育种方法；⑤一种遗传多样性分析方法等。

二、审查的特点和难点

（一）审查特点

分子标记的本质是与性状、适应证相关联的核苷酸序列，因此，首先，需要考虑说明书中是否有足够的实验数据证明分子标记与性状、适应证的相关性，满足《中华人民共和国专利法》（以下简称《专利法》）第二十六条第三款的规定。其次，权利要求的撰写形式是否满足《专利法》关于授权客体的要求，如是否符合《专利法》第二条第二款、第二十五条、第五条；分子标记的检索不仅仅限于分子标记的核苷酸/氨基酸序列，还应包括其关联的性状、适应证。此外，对于检测、筛选方法还需要考虑是否涉及《专利法》第二十五条规定的疾病诊断、治疗方法；对于制备用途的权利要求，还需要结合说明书及现有技术考虑是否满足《专利法》第二十六条第四款等问题。

总之，分子标记案例可能涉及授权客体问题，公开不充分问题，新颖性和创造性问题，说明书不支持、不清楚、单一性等问题，需要在申请文件撰写时予以考虑。下面结合权利要求的撰写形式分别举例说明。

1. 产品权利要求

在解读产品权利要求保护范围时，在满足《专利法》第二十六条第三款规定的说明书充分公开的前提下，还应注意撰写形式，如权利要求的主题名称为“SNP”“指纹图谱”等，可能涉及《专利法》第二条第二款规定的不授权的客体。权利要求涉及多种分子标记，撰写了多组并列技术方案，可能涉及《专利法》第三十一条第一款的单一性问题。对于产品权利要求的功能性限定，需要考虑是否对分子标记或其相关产品权利要求的保护范围产生影响。例如核苷酸序列表征的分子标记的功能性限定如不能改变该分子标记的结构或组成，则并未对权利要求保护分子标记的保护范围产生影响；如果该分子标记本身的结构（如序列）为现有技术，则可能不具备《专利法》第二十二条第二款的新颖性。

2. 方法、用途权利要求

在解读方法、用途权利要求的保护范围时，筛选、检测方法可能涉及《专利法》第二十五条规定的疾病的诊断、治疗方法。对于分子标记的制备用途，还需要注意分子标记本身是被检测对象，其本身的状态用于指示动植物相关性状，因此分子标记本身并不能直接用于相关用途。通常建议撰写成瑞士型权利要求，如检测分子标记的引物/探针/试剂在制备……的用途，以避免可能不符合《专利法》第二十六条第四款的问题。此外，对于权利要求撰写的用途，还需要结合说明书记载的实验数据及现有技术以确认是否能够得到说明书的支持。

（二）审查难点

1. 检索数据库众多

分子标记物种来源丰富，涉及动物、植物、微生物等各个种属层面，往往需要检索众多特色数据库来明确其具体位置和序列信息，才能进行准确的关键词扩展以实现全面的检索，而且常规生物序列检索技巧和检索数据库不能满足分子标记案例的特殊需求。以目前最热点的 SNP 标记为例，SNP 分子标记除了来自人、猪、牛、羊、水稻等常见物种外，还来自一些小众物种（如丝瓜、苹果、西瓜、蚌类等）。涉及这些小众物种的 SNP 分子标记，在常用的序列数据 NCBI、UCSC 或 Ensembl 中往往检索不到，需要去检索小众物种特有的基因组或分子标记数据库。

2. 分子标记繁杂多变

分子标记描述形式较多，例如采用位置信息来描述某个 SNP 位点信息，可以使用该 SNP 所在染色体上的具体位置、SNP 所属基因的位置、该 SNP 所属基因的 cDNA 序列上的位置、蛋白质序列上的位置，或者特定基因分型（如 CYP3A5 *3 和 rs776746 涉及同样 SNP 位点）等方式，而不同的位置描述方式，需要核对的序列信息也不相同，在检索序列信息时用到的子数据库也不尽相同。

3. 涉及法条众多

分子标记涉及的法条众多，不仅对检索要求更高，而且面对分子标记撰写形式的多样性，需要对说明书是否充分公开及权利要求保护范围的解读做到敏锐、精确，对审查能力提出了更高的要求。

第二节　新颖性和创造性要求

一、《专利法》第二十二条第二款

《专利法》第二十二条第二款规定："新颖性，是指该发明或者实用新型不属于现有技术；也没有任何单位或者个人就同样的发明或者实用新型在申请日以前向国务院专利行政部门提出过申请，并记载在申请日以后公布的专利申请文件或者公告的专利文件中。"

根据《专利审查指南》的规定，在进行新颖性判断时，首先应当判断被审查专利申请的技术方案与对比文件的技术方案是否实质上相同，如果专利申请与对比文件公开的内容相比，其权利要求所限定的技术方案与对比文件公开的技术方案实质上相同，所属技术领域的技术人员根据两者的技术方案可以确定两者能够适用于相同的技术领域，解决相同的技术问题，并具有相同的预期效果，则认为两者为同样的发明。判断发明专利申请的新颖性适用单独对比的原则。

（一）常见情形

在实践中，分子标记案例涉及《专利法》第二十二条第二款规定的新颖性常见情形包括如下三种：

（1）产品权利要求通过引物序列或者分子标记本身的序列来限定分子标记，还对分子标记进行了功能性限定。

（2）权利要求为分子标记物组合的权利要求，为开放式限定，并且涉及多个技术方案，对分子标记组合进行了功能性限定。

（3）权利要求为分子标记的产品权利要求，通过该分子标记的侧翼序列以及扩增该分子标记的引物对序列限定了该分子标记，但是对该分子标记本身的序列信息没有限定，而通过其他一些特征来进行限定。

（二）处理建议

对于上述三种分子标记案例情形，处理建议如下：

（1）虽然以具体序列来限定分子标记的产品权利要求还进行了功能性限定，但该功能性限定并不会对序列的产品结构和组成产生影响，可能存在新颖性问题。

（2）当产品权利要求涉及多组分子标记物组合时，须注意厘清权利要求中涉及的多组并列技术方案，以及权利要求要求保护的是封闭式组合还是开放式组合，并针对不同的组合分别进行检索和评述（此时，所使用的对比文件可能是不同的）。开放式撰写权利要求，公开了含有权利要求中所述分子标记的组合的现有技术可破坏本申请权利要求的新颖性。另外，还需要考虑功能性限定是否会导致产品结构和组成的不同。

（3）对于通过侧翼序列或者扩增引物结合其他特征限定的分子标记，需站位于本领域技术人员，分析其他特征的限定是否会对该分子标记的结构和组成产生影响。当现有技术公开了与权利要求中相同的侧翼序列或者扩增引物对的分子标记，但没有公开权利要求中限定的其他特征时，若难以确定权利要求中的其他特征是否会对分子标记的结构和组成产生影响，则该权利要求可能会被推定不具备新颖性。

（三）案例分析

案例 3-2-1　性状特征性限定不影响产品结构和组成

【案情简介】

该申请涉及林麝麝香产量性状的微卫星位点及其选择方法，所述的微卫星位点为 Mb116H 或 Mb43，其中位点 Mb116H 的 NCBI 编号为 DQ852334，位点 Mb43 的 NCBI 编号为 EF599347。用于 PCR 扩增所述微卫星位点 Mb116H 或 Mb43 的引物如 SEQ ID NO. 1—4 所示。

涉及的权利要求如下：

1. 一种林麝麝香产量性状的微卫星位点，其特征在于，所述的微卫星位点为 Mb116H 或 Mb43，其中位点 Mb116H 的 NCBI 编号为 DQ852334，位点 Mb43 的 NCBI 编号为 EF599347。

2. 根据权利要求 1 所述的一种林麝麝香产量性状的微卫星位点，其特征在于，用于 PCR 扩增微卫星位点 Mb116H 的引物为 SEQ ID NO. 1—2，用于 PCR 扩增微卫星位点 Mb43 的引物为 SEQ ID NO. 3—4。

3. 权利要求 2 所述的用于扩增微卫星位点 Mb116H 的引物，其特征在于，所述的引物如 SEQ ID NO. 1—2 所示。

4. 权利要求2所述的用于扩增微卫星位点 Mb43 的引物，其特征在于，所述的引物如 SEQ ID NO. 3—4 所示。

【案例分析】

权利要求1—4涉及林麝麝香产量性状的微卫星位点或微卫星位点扩增引物，虽然限定了“麝香产量性状”，但并未体现对林麝微卫星位点、引物产品结构和组成的影响。利用关键词林麝、微卫星 Mb43、Mb116H 进行检索，获得对比文件1和对比文件2：对比文件1公开了用于进行林麝麝香产量性状研究的微卫星位点 Mb43 及其扩增引物，对比文件2公开了林麝微卫星位点 Mb116H 及其扩增引物。

对比文件1公开了用于进行林麝麝香产量性状研究的微卫星位点 Mb43，NCBI 编号为 EF599347，并公开了扩增微卫星位点 Mb43 的引物序列，其与该申请所述 SEQ ID NO. 3—4 序列一致；对比文件2公开了林麝微卫星位点 Mb116H，NCBI 编号为 DQ852334，并公开了扩增微卫星位点 Mb116H 的引物序列，其与该申请所述 SEQ ID NO. 1—2 序列一致。可见，对比文件1、对比文件2已经公开了该申请所述微卫星位点及其引物序列，而性状相关的限定并未导致微卫星位点、引物序列结构和组成的不同，因此，权利要求1—4不具备新颖性。

案例3-2-2　性状特征性限定不影响产品结构和组成

【案情简介】

该申请涉及与棉花矮秆和高衣分相关的 SSR 分子标记，位于异常棉11号染色体上自 SSR 分子标记 NAU2877 起至 SSR 分子标记 JAAS4311 止的片段与棉花矮秆和高衣分相关。

涉及的权利要求如下：

6. 用于鉴定权利要求5所述 SSR 分子标记的引物对，所述引物对为如下(a1)—(a6)中任一项：

(a1) 用于鉴定所述 SSR 分子标记 NAU2877 的引物对1：根据 SEQ ID No. 1 设计得到；

(a2) 用于鉴定所述 SSR 分子标记 JAAS4311 的引物对2：根据 SEQ ID No. 2 设计得到；

(a3) 用于鉴定所述 SSR 分子标记 NAU1063 的引物对3：根据 SEQ ID No. 3 设计得到；

(a4) 用于鉴定所述 SSR 分子标记 JAAS6160 的引物对1：根据 SEQ ID No. 4 设

计得到；

（a5）用于鉴定所述 SSR 分子标记 JAAS1260 的引物对 1：根据 SEQ ID No. 5 设计得到；

（a6）用于鉴定所述 SSR 分子标记 NAU5418 的引物对 1：根据 SEQ ID No. 6 设计得到。

7. 根据权利要求 6 所述的引物对，其特征在于：所述引物对 1 由 SEQ ID No. 7 和 SEQ ID No. 8 所示的两条单链 DNA 组成；所述引物对 2 由 SEQ ID No. 9 和 SEQ ID No. 10 所示的两条单链 DNA 组成；所述引物对 3 由 SEQ ID No. 11 和 SEQ ID No. 12 所示的两条单链 DNA 组成；所述引物对 4 由 SEQ ID No. 13 和 SEQ ID No. 14 所示的两条单链 DNA 组成；所述引物对 5 由 SEQ ID No. 15 和 SEQ ID No. 16 所示的两条单链 DNA 组成；所述引物对 6 由 SEQ IDNo. 17 和 SEQ ID No. 18 所示的两条单链 DNA 组成。

【案例分析】

权利要求 6—7 涉及 SSR 分子标记的引物对。利用关键词棉花、SSR 分子标记进行检索，首先获得对比文件 1。对比文件 1 公开了 SSR 分子标记 NAU2877、NAU1063、JAAS6160、JAAS1260、NAU5418 和 JAAS4311，并具体公开了 SSR 分子标记 JAAS4311、JAAS6160、JAAS1260 的扩增引物序列，但未公开 SSR 分子标记 NAU2877、NAU1603、NAU5418 的扩增引物序列。由于对比文件 1 已经公开了 SSR 分子标记 NAU2877、NAU1063、NAU5418，扩增上述 SSR 分子标记的引物应为现有技术已知的引物。因此，通过挖掘检索棉花 SSR 相关数据库 Cottongen Database，获得对比文件 2。对比文件 2 公开了棉花 SSR 分子标记 NAU2877、NAU1603、NAU5418 及其扩增引物序列。

对比文件 1 公开了 SSR 分子标记 NAU2877、NAU1063、JAAS6160、JAAS1260、NAU5418 和 JAAS4311，并具体公开了 SSR 分子标记 JAAS4311、JAAS6160、JAAS1260 的扩增引物序列，与该申请所述引物序列 SEQ ID No. 9—10、13—16 一致。因此，在对比文件 1 公开基础上，权利要求 6—7 中涉及 SSR 分子标记 JAAS4311、JAAS6160 或 JAAS1260 引物对的并列技术方案不具备新颖性。对比文件 2 公开了棉花 SSR 分子标记 NAU2877、NAU1603、NAU5418 及其扩增引物序列，与该申请所述引物序列 SEQ ID No. 7—8、11—12、17—18 一致。因此，在对比文件 2 公开基础上，权利要求 6—7 中涉及 SSR 分子标记 NAU2877、NAU1603 或 NAU5418 引物对的并列技术方案不具备新颖性。

案例 3-2-3 功能和来源限定不影响产品结构和组成

【案情简介】

该申请涉及一种胶质瘤诊断标志物 circ15：98707562 | 98708107 及应用，该案例涉及非编码 RNA 中的环状 RNA，即 circRNA。

涉及的权利要求如下：

1. 一种用于胶质瘤诊断的血清外泌体 CircRNA 标志物 circ15：98707562 | 98708107，其序列如 SEQ ID NO：1 所示。

【案例分析】

该权利要求为产品权利要求，限定了 circRNA 的名称，并给出了具体序列，首先考虑以序列或命名在相关数据库中进行检索。以该序列在 circBase Database 数据库中进行检索，得到对比文件 1（hsa_circ_0005035，WILLIAM R. JECK 等，circBase Database，第 1—3 页，2015 年 3 月 3 日），公开了位于人 15 号染色体第 99250790—99251336 位的 circRNA，即 hsa_circ_0005035，并公开了具体的序列。对比文件 1 还公开和链接了该环状 RNA 相关的文献（见参考文件 1：*Circular RNAs are abundant*, *conserved*, *and associated with ALU repeats*，WILLIAM R. JECK 等，RNA，第 2 期第 19 卷，第 141—157 页，2013 年 2 月 28 日）。经过序列比对分析，对比文件 1 公开的 hsa_circ_0005035 与该申请序列如 SEQ ID NO：1 所示的 circ15：98707562 | 98708107 完全相同。虽然权利要求 1 还限定了 circRNA 为胶质瘤诊断的血清外泌体 circRNA 标志物，然而上述用途和来源限定并没有给 circRNA 标志物在结构和/或组成上带来改变，要求保护的仍是序列如 SEQ ID NO：1 所示的 circRNA 标志物。因此，该权利要求不具备新颖性。

该申请权利要求 1 要求保护一种 circRNA 产品，并限定其功能，应当重点留意该功能限定是否对产品有限定作用。当说明书未重点强调该申请发明点在于鉴定了一个新的非编码 RNA 时，非编码 RNA 有较大可能为现有技术已知的非编码 RNA，应留意针对非编码 RNA 本身进行检索。

案例 3-2-4 功能性限定不影响产品结构和组成

【案情简介】

涉及的权利要求如下：

一种用于诊断或检测人类多发性骨髓瘤的 miRNAs 检测芯片，其特征在于，包括用于检测 hsa－miR－145－3p 的检测探针。

【案例分析】

“诊断或检测人类多发性骨髓瘤”属于该芯片的功能和/或用途限定，对该芯片的结构和/或功能无实质的限定作用，针对检测 hsa－miR－145－3p 的检探针或引物进行检索。检索到一篇对比文件 1，公开了与人类多发性骨髓瘤相关的 miRNA 表达图谱模型的建立方法，并具体公开了：microRNA 的大量发现得益于两种技术，一种是 microRNA cDNA 文库的构建和测序技术；另一种是生物素标记的寡核苷酸探针捕获，通过接头引物进行 PCR 扩增的技术……利用 qPCR 技术验证了，相对于在正常健康人群，多发性骨髓瘤患者外周血浆中 miR－145－3p 的表达水平显著降低……本实验采用经典的芯片筛选方法筛选了在多发性骨髓瘤患者及正常对照人群中差异表达的 microRNA。采用 Exiqon miRNA 芯片技术进行表达谱分析，并利用定量 PCR 对结果进一步验证。可知，对比文件 1 公开了采用 Exiqon miRNA 芯片技术进行人类多发性骨髓瘤 miRNAs 的表达谱分析，发现 hsa－miR－145－3p 有差异表达，可见其隐含公开了一种包含 hsa－miR－145－3p 的检测探针的芯片。因此，该权利要求不具备新颖性。

发明点在于非编码 RNA 表达量与性状相关，权利要求请求保护的技术方案为检测非编码 RNA 表达量的一种产品。检测产品权利要求的保护范围由产品的结构和/或组成决定，所述的功能主要由检测的非编码 RNA 对象决定，因此，所述功能限定难以将其与现有技术检测同样 miRNA 的其他检测芯片区分。对于已知的非编码 RNA，通常可能存在对其进行检测的现有技术。虽然检测的目的与该申请不尽相同，但是对于产品类型权利要求而言，该现有技术可能破坏该产品类权利要求的新颖性或创造性。

案例 3－2－5 涉及多组并列技术方案

【案情简介】

涉及的权利要求如下：

一种用于检测乳腺癌的 miRNA 标记物组合，其特征在于，所述 miRNA 标记物组合包括选自 miR－101、miR－221 和 miR－155 的至少两种标记物，并限定了 miR－101、miR－221 和 miR－155 的序列。

【案例分析】

权利要求为产品权利要求，包括多组并列技术方案，其中，技术方案 1：一种用于检测乳腺癌的 miRNA 标记物组合，miRNA 标记物组合包括 miR－101、miR－221。

针对 miR－101、miR－221 的组合进行检索。

获得对比文件 1 公开了 24 种可靠检测到的成熟 miRNA 的序列，其中包括：hsa－miR－101－5p，其序列为 CAGUUAUCACAGUGCUGAUGCU（与权利要求 1 中所述 miR－101 的核苷酸序列完全相同），以及 hsa－miR－221－5p，其序列为 ACCUG-GCAUACAAUGUAGAUUU（与权利要求 1 中所述的 miR－221 的核苷酸序列完全相同）。可见，对比文件 1 公开了一种 miRNA 组合，包括权利要求 1 中所述的 miR－101、miR－221。虽然权利要求 1 还限定了其 miRNA 标记物“用于检测乳腺癌”的用途，但是所述限定对 miRNA 标记组合的结构和/或组成并没有影响，并不具备实质性的限定作用。因此，该权利要求不具备新颖性。

当权利要求涉及多组非编码 RNA 组合时，应当注意厘清权利要求中涉及的多组并列技术方案，区分权利要求要求保护封闭式组合还是开放式组合，并针对不同的非编码 RNA 组合分别进行检索和评述，所使用的对比文件也可能是不同的。对于开放式撰写权利要求，公开了含有权利要求中所述的非编码 RNA 组合的现有技术可破坏新颖性。

案例 3－2－6　推定新颖性

【案情简介】

该申请涉及用于鉴别紫色茶树品种的 InDel 标记及其组合与应用。本发明提供用于鉴别紫色茶树品种的 InDel 标记 1（InDel1），所述紫色茶树品种选自紫嫣、紫仙、紫红、紫娟；所述 InDel 标记 1 的左、右侧翼序列分别如 SEQ ID NO：1、2 所示，还提供用于鉴别紫色茶树品种的 InDel 标记 2（InDel2），所述紫色茶树品种选自紫嫣、紫仙、紫红、紫娟；所述 InDel 标记 2 的左、右侧翼序列分别如 SEQ ID NO：3、4 所示。

涉及的权利要求如下：

用于鉴别紫色茶树品种的 InDel 标记 2，其特征在于，所述紫色茶树品种选自紫嫣、紫仙、紫红、紫娟；所述 InDel 标记 2 的左、右侧翼序列分别如 SEQ ID NO：3—4 所示；用于扩增所述 InDel 标记 2 的引物序列如 SEQ ID NO：7—8 所示。

【案例分析】

该权利要求请求保护用于鉴别紫色茶树品种的 InDel 标记 2。在智能检索系统中的生物序列检索入口输入 InDel 标记 2 的侧翼序列，获得对比文件 1 公开了鉴别谷雨香茶树 SSR 标记及其侧翼序列和引物。经序列比对，对比文件 1 公开的 SSR4 位点两侧的侧翼序列及其扩增引物序列与权利要求所述 Indel 标记 2 的 SEQ ID NO. 3—4 所示的侧翼序列以及 SEQ ID NO. 7—8 所示的引物相同。尽管该权利要求还限定用于检测紫色茶树的具体品种，但基于该用途限定，本领域技术人员无法区分对比文件 1 中公开的 SSR4 位点与该申请的 InDel 标记 2 有何不同。因此推定两者为相同的标记，该权利要求不具备新颖性。

权利要求中只采用了 InDel 标记 2 的左、右侧翼序列以及扩增该分子标记的引物序列来限定该分子标记，而对比文件 1 公开了与该权利要求中相同的左、右侧翼序列以及扩增该分子标记的引物序列。虽然对比文件 1 公开的茶树品种与该申请的茶树品种不相同，但是基于该差异，本领域技术人员无法区分对比文件 1 中公开的 SSR4 位点与该申请的 InDel 标记 2 有何不同，故可推定两者为相同的标记。

二、《专利法》第二十二条第三款

《专利法》第二十二条第三款规定："创造性，是指与现有技术相比，该发明具有突出的实质性特点和显著的进步，该实用新型具有实质性特点和进步。"

根据《专利审查指南》的规定，发明有突出的实质性特点，是指对所属技术领域的技术人员来说，发明相对于现有技术是非显而易见的。如果发明是所属技术领域的技术人员在现有技术的基础上仅仅通过合乎逻辑的分析、推理或者有限的试验可以得到的，则该发明是显而易见的，也就不具备突出的实质性特点。发明有显著的进步，是指发明与现有技术相比能够产生有益的技术效果。例如，发明克服了现有技术中存在的缺点和不足，或者为解决某一技术问题提供了一种不同构思的技术方案，或者代表某种新的技术发展趋势。在评价发明是否具备创造性时，不仅要考虑发明的技术方案本身，而且还要考虑发明所属技术领域、所解决的技术问题和所产生的技术效果，将发明作为一个整体看待。

（一）常见情形

在审查实践中，分子标记案例，涉及《专利法》第二十二条第三款规定创造性的常见情形包括四种：

（1）发明构思在于新的分子标记：该类型案例的发明构思在于发现了新的分子标记，经检索现有技术中并未公开该分子标记，也缺乏获得该分子标记的技术启示。

（2）发明构思在于分子标记与性状的相关性：该类型案例的发明构思往往并不

在于分子标记本身，经检索现有技术已公开，或给出了获得该分子标记的技术启示，发明构思主要在于分子标记的新的应用，即利用分子标记与新的生物性状、适应证等的关系的应用。

（3）显而易见性的判断：该类型案例是实践中最常见的情形之一，也是各方争议较大的情形，主要问题是如何判断通过对比文件获得本发明的技术方案是显而易见的、对比文件结合的技术启示是否充分且不存在技术障碍。

（4）预料不到的技术效果的考量：这对于不同分子标记案例创造性的判断尤为重要，也是实践中最常见的情形之一。如果专利申请技术方案取得了预料不到的技术效果，则通常认为该技术方案是非显而易见的，具有突出的实质性特点，具备创造性。

（二）处理建议

对于上述四种分子标记案例情形，处理建议如下。

1. 发明构思在于新的分子标记

该类型案例的重点在于分子标记的检索，可参考本书第二章的检索策略，选择适当的数据库提高检索效率，还需要结合具体领域和分子标记类型的特点及其存在的特殊数据和专有数据进行检索，避免漏检。在经充分检索后未获得有效对比文件的情况下，可以认可发明技术方案的创造性，避免“事后诸葛亮”的问题出现。

2. 发明构思在于分子标记与性状的相关性

该类型案例应注重于分子标记的具体应用，需要注意的是应结合说明书实施例公开的具体性状、适应证进行充分检索，分子标记序列本身不应作为重点检索对象。在创造性的评价过程中，应首先考虑分子标记的应用的显而易见性，其次是发明技术方案的技术效果。不同类型分子标记的新的应用不宜过分强调预料不到的技术效果。

3. 显而易见性的判断

根据《专利审查指南》的规定，在创造性的审查中发明应有突出的实质性特点，是指对所属技术领域的技术人员来说，发明相对于现有技术是非显而易见的。也就是说，显而易见性的判断是决定发明是否具有突出的实质性特点的关键。《专利审查指南》给出了“三步法”的判断方法，其中需要特别注意的是在确定区别技术特征后，需要从区别技术特征实际解决的技术问题出发，综合判断该区别技术特征在整个发明技术方案中的作用和影响，从整体上确定发明实际解决的技术问题。《专利审查指南》还给出了六种不同类型发明的创造性判断方法，以及需要考虑的四种因素。对于分子标记案例，在显而易见性的判断中，容易因犯“事后诸葛亮”的错误而忽视发明的非显而易见性，不可过度强调预料不到的技术效果，亦不可由“效果”向显而易见性反推，应在充分检索的基础上结合本领域技术人员的普通技术知识充分了解现有技术是否存在技术启示、技术障碍等。如果分子标记本身是新的，与已知的序列结构并不接近，并有一定用途或者效果，则可以认为它有创造性而不必要求其具有预料不到的用途或者效果。

4. 预料不到的技术效果的考量

发明取得了预料不到的技术效果，是指发明同现有技术相比，其技术效果产生“质”的变化，具有新的性能；或者产生“量”的变化，超出人们预期的想象。这种“质”的或者“量”的变化，对所属技术领域的技术人员来说，事先无法预测或者推理出来。当发明产生了预料不到的技术效果时，一方面说明该发明具有显著的进步，另一方面也反映出发明的技术方案是非显而易见的，具有突出的实质性特点，该发明具备创造性。对于分子标记案例，在预料不到的技术效果的考量中，如果该分子标记的新用途不能从分子标记序列本身的结构、组成及现有用途显而易见地得出或者预见到，而是利用了分子标记新发现的性质或功能，并且产生了预料不到的技术效果，可认为这种已知分子标记的新用途发明有创造性。

（三）案例分析

案例 3-2-7　发明构思在于新的分子标记

【案情简介】

该申请涉及通过检测山羊 DNAH1 基因的 InDel 位点与山羊产羔数间的相关性，发现插入基因型的山羊的产羔数要显著高于插入缺失型山羊的产羔数，因此该位点可以作为山羊产羔数的 DNA 分子标记。

涉及的权利要求如下：

1. 一种山羊 DNAH1 基因插入/缺失多态性的检测方法，其特征在于，包括以下步骤：

以待测山羊基因组 DNA 为模板，利用 PCR 扩增包含山羊 DNAH1 基因内含子区插入/缺失多态性位点的片段，对扩增产物进行电泳，根据电泳结果鉴定所述插入/

缺失多态性位点的基因型；所述插入/缺失多态性位点选自山羊 DNAH1 基因 NC_030829.1：g.48594103_48594129 位 27 - bp 插入/缺失多态性位点。

2. 一种山羊 DNAH1 基因插入/缺失多态性的检测试剂盒，其特征在于，该试剂盒包括用于 PCR 扩增山羊 DNAH1 基因 NC_030829.1：g.48594103_48594129 位 27 - bp 插入/缺失多态性位点的引物对。

3. 一种如权利要求 1 所述的山羊 DNAH1 基因插入/缺失多态性的检测方法在山羊分子标记辅助选择育种中的应用，所述插入/缺失多态性位点的插入/插入基因型可以作为提高山羊产羔数的 DNA 标记。

【案例分析】

其中独立权利要求 1 和 2 的技术方案仅仅是涉及该 InDel 位点的检测，没有与山羊产羔性状关联，因此这类权利要求的检索重点在于该 InDel 位点。而权利要求 3 体现了该申请的核心发明构思，需要同时考虑该位点和产羔性两个方面，检索 InDel 位点的时候需要关注其是否有公开与产羔数的关系，同时也要检索与山羊产羔性相关的文章，阅读这些文章及其补充材料或者图片中是否有公开该 InDel 位点。

通过阅读说明书，发现已经详细记载了该位点的信息（DNAH1 基因 NC_030829.1：g.48594103_48594129 位 27 - bp 插入/缺失多态性位点，且说明书中进一步记载该基因位于山羊 22 号染色体上）和扩增含有该位点的引物对。该位置信息更清楚明确且唯一，直接以该位置信息在 Ensembl 定位到山羊的 22 号染色体上，再以该区域 48594103_48594129 或者含有该区域的上下游的位置来定位，发现 Ensembl 已经公开了该 InDel 位点信息，并且给了一个具体的 rs 号 rs636295440，且公开日期可用，继续在公开该位点的 Ensembl 上查看是否有公开与其性状相关的文献，或者是否有该位点的期刊文献。然后，继续以 rs 号在专利库、非专利库中进行与性状关联的检索，如果没有，再进一步检索是否有该基因与山羊产羔性状相关联的文章；最后再检索与山羊产羔数相关的分子标记现有技术，并逐一核查是否公开该位点。

经过系统检索，发现该 InDel 位点为现有技术，但没有该位点与山羊产羔性状相关的现有技术文献。因此，独立权利要求 1—2 不具备创造性，权利要求 3 具备创造性。

案例 3 - 2 - 8 发明构思在于分子标记与性状的相关性

【案情简介】

该申请发现了 miRNA - 424 表达水平与脑垂体瘤的发生有关，通过检测患者

miRNA－424 的表达水平，可以判断受试者是否患有脑垂体瘤的风险。

涉及的权利要求如下：

1. miRNA－424 或其同源模拟物在制备治疗脑垂体瘤药物中的应用。

【案例分析】

microRNA 具有不同的成熟体（剪切体），由 micRNA 前体的 3' 端或 5' 端剪切加工而来，通常在命名中以－3p 或－5p 结尾。而在专利文件或学术论文等文件中，可能存在不标明其成熟体具体类型的情况。对此，如果记载了具体序列，应当以序列是否一致为准；如果未明确具体序列，在现有技术已经公开了 microRNA 或其具体的某一成熟体与疾病相关性的情况下，本领域技术人员有动机对 microRNA 与性状之间的相关性进行研究，同时对 5' 端臂还是 3' 端臂产生的 microRNA 进行简单尝试，就可以获得 microRNA 或其具体成熟体的作用。

检索到的现有技术（对比文件 1）公开了以下内容：相较于非侵润性垂体神经内分泌肿瘤（PitNET）的正常垂体组织，miR－424－5p（相当于 miRNA－424）在侵润性 PitNET 组织中低表达。miR－424－5p 的升高可抑制 PitNET 细胞的增殖、转移、侵润，触发细胞周期阻滞和细胞凋亡。miR－424－5p 模拟物触发细胞周期阻滞，在体外促进 IPA 细胞凋亡。过表达 miR－424－5p 可抑制 PitNET 细胞的增殖、转移和侵润。可见，该对比文件 1 教导了 miRNA－424 和其模拟物用于侵润性垂体神经内分泌肿瘤治疗的潜能，并且侵润性垂体神经内分泌肿瘤是一类重要的脑垂体瘤。基于对比文件 1 公开的内容，本领域技术人员有动机去验证 miRNA－424 和其同源模拟物在其他脑垂体瘤中的抗肿瘤活性。而将具有抗肿瘤活性的物质制备成相应的抗肿瘤药物是本领域的常规技术手段。因此，该权利要求不具备创造性。

案例 3－2－9 显而易见性的判断

【案情简介】

该申请公开了一种近交系遗传质量监控的 SNP 快速检测方法，具体涉及 96 个 SNP 位点组合及其引物。

涉及的权利要求如下：

1. 一组位点在近交系遗传质量监控中作为 SNP 位点的应用，其特征在于，所述一组位点有 96 个，具体如下

RS_ID	129S1/SvImJ	A/J	BALB/cJ	C57BL/6J	CBA/CaJ	DBA/1J	FVB/NJ	NOD/LtJ
rs3725641	C	C	C	T *	C	C	C	C
rs3022803	C	C	C	A *	C	C	C	C
rs3664528	T	T	T	C	C	T	T	T

……

rs3679049	A	A	A	G *	A	A	A	A
rs3725703	C	C	C	G *	C	C	C	C
rs3653863	G	A	A	A	A	A	A	A
rs3699591	C	C	C	T *	C	C	C	C
rs3157180	C	C	C	T *	C	C	C	C
rs3690903	G	G	G	T *	G	G	G	G
rs3715531	G	G	G	A *	G	G	G	G

* 为特异性区分位点。

2. 一种近交系遗传质量监控的 SNP 位点引物，其特征在于，所述位点引物如 SEQ ID NO. 1 至 SEQ ID NO. 288 所示。

【案例分析】

在创造性判断的过程中，首先需要考虑的是本领域技术人员在对比文件的基础上能否显而易见地得到该申请，而非忽略非显而易见性，过度强调技术效果。对比文件 1 的方法与该申请类似，即在多条染色体上近似等距离挑选多个 SNP 位点，将 KASP 分型法用于 C57BL/6J 的遗传质量监控，但是没有公开使用的具体 96 个 SNP 位点以及是否包含品系特异性位点和常规遗传质量监控位点。也就是说，对比文件 1 虽然公开了解决的技术问题和技术路线，但是并没有清楚地给出解决技术问题的技术手段。对比文件 2 公开的 96 个 SNP 位点与该申请的具体位点、位点分布情况不同，鉴定作用也不完全相同。本领域技术人员从对比文件 1 出发，即使考虑对比文件 2 的教导，由于需要考虑位点选择的品系多适用性、对检测准确性和区分度的影响、对污染源的追踪以及在同一个体系内扩增的条件制约等因素，仍然无法容易地获得该申请中用于解决所述技术问题的 96 个 SNP 位点的组合。因而，权利要求具备创造性。

案例 3－2－10　预料不到的技术效果的考量

【案情简介】

该申请提供了一类大泷六线鱼微卫星位点及其多态性引物，所获引物的扩增结果具有高度的多态性和稳定性，为大泷六线鱼的遗传多样性以及种群间的亲缘关系的鉴定提供资料。

涉及的权利要求如下：

1. 一种分离的多核苷酸，其特征在于，所述多核苷酸具有选自序列表 SEQ. ID. No. 1 至 SEQ. ID. No. 15 任一所示的核苷酸序列；在 SEQ. ID. No. 1 至 SEQ. ID. No. 15 任一所述的微卫星位点两端的侧翼序列上设计大泷六线鱼微卫星引物，引物序列为：……。

2. 权利要求 1 所述的多核苷酸的用途，其特征在于，所述的多核苷酸作为微卫星标志物用于大泷六线鱼群体遗传学分析、遗传多样性检测、数量性状遗传图谱、遗传连锁作图、家系和个体鉴定、分子辅助育种。

3. 大泷六线鱼微卫星位点，其特征在于，选自序列表 SEQ. ID. No. 1 至 SEQ. ID. No. 15 任一所示的核苷酸序列，或选自任一在严格条件下与权利要求 1 中的核苷酸序列杂交的核苷酸序列。

4. 权利要求 3 所述大泷六线鱼微卫星位点的组合，其特征在于，选自权利要求 3 中所述大泷六线鱼微卫星位点的两种或多种。

5. 权利要求 1 所述大泷六线鱼微卫星引物或其组合在大泷六线鱼群体遗传学分析、遗传多样性检测、数量性状遗传图谱、遗传连锁作图、家系和个体鉴定、分子辅助育种中的应用。

6. 一种用于大泷六线鱼遗传多样性检测的试剂盒，其特征在于，所述的试剂盒中含有：选自权利要求 1 中任一所示的引物。

7. 一种大泷六线鱼遗传多样性检测方法，包括以下步骤：

（1）基因组 DNA 的提取；

（2）微卫星 PCR 扩增：采用权利要求 1 所述微卫星引物扩增大泷六线鱼基因组 DNA，获得其扩增产物；

（3）扩增产物电泳：在毛细管电泳基因分析仪上电泳，对毛细管电泳数据初步处理；

（4）遗传多样性分析：根据每个个体微卫星扩增产物的分子量的大小取定基因型，计算遗传多样性参数。

【案例分析】

在发明所要求保护的技术方案与最接近的现有技术相比存在区别技术特征的情况下，如果现有技术整体上给出了将此区别技术特征应用到该最接近的现有技术以解决其存在的技术问题的启示，并且所获得的发明的技术效果是可以预料的，则该发明不具备突出的实质性特点和显著的进步，不具备创造性。

具体到该案，对比文件 1 公开了大泷六线鱼的 21 个微卫星位点名称、引物序列、核心序列、退火温度、GenBank 号和引物来源。权利要求 1 请求保护的技术方案与对比文件 1 公开的内容相比，区别技术特征在于：多核苷酸的序列不同。由此可以确定该申请实际解决的技术问题是：如何获得其他大泷六线鱼的微卫星标记。而对比文件 2 给出了如何在水产动物中获得更多微卫星标记的方法。本领域技术人员可使用对比文件 2 中的方法，获得包括且不限于权利要求 1 在内的多个微卫星标记及其序列。该申请说明书并未记载上述微卫星位点与大泷六线鱼生长发育之间的关系，也未进行相关的功能验证，因此本领域技术人员无法确定该申请中的微卫星位点与生长发育相关。

在技术效果考量方面，虽然申请人声称请求保护的“这些 SSR 显然具备稳定性强、期望值高更优的效果”，但并未在该申请说明书提供微卫星位点或其引物具有稳定性强、期望值高的效果相关实验证据。具体地，权利要求 1 保护选自 SEQ. ID. No. 1 至 SEQ. 10. No. 15 任一所示的核苷酸序列所对应的 15 个 SSR。而由说明书表 2 的记载可知，这 15 个 SSR 遗传指标参数反映了检测对象群体的遗传多样性情况。相对于对比文件 1 而言，该申请计算的平均等位基因数、平均有效等位基因数、平均观望杂合度、平均期望杂合度的多个遗传参数，与对比文件 1 所公开的上述 SSR 相关数值接近，并未相对于对比文件 1 的前述 SSR 有预料不到的效果。无论该申请的单个微卫星位点或是其组合的遗传指标平均值，相对于对比文件 1 给出的微卫星分子标记而言，均未显示出稳定性强、期望值高的预料不到的效果。进一步地，群体的遗传多样性主要表现于等位基因数、杂合度和多态信息含量 3 个方面。微卫星标记所检测的等位基因数高低也与检测对象的选择有关，该申请与对比文件 1 所检测的大泷六线鱼地理分布群不同，遗传背景不同，该数值的高低不必然表明微卫星标记的优劣。即使可依据该数值进一步设计试验，但该申请的原始说明书并未记载和验证如何进一步确认分子标记的优劣，从而也无法表明该申请的 SSR 标记相对于对比文件 1 取得了预料不到的技术效果。

第三节　可授权客体要求

一、《专利法》第二条第二款

《专利法》第二条第二款规定："发明，是指对产品、方法或者其改进所提出的新的技术方案。"技术方案是对要解决的技术问题所采取的利用了自然规律的技术手段的集合。技术手段通常是由技术特征来体现的。

（一）常见情形

在实践中，分子标记案例涉及《专利法》第二条第二款的情形主要包括如下两种。

（1）SNP 位点本身，SNP 分子标记是分子标记常见类型之一。SNP 本身指由单个核苷酸的变异所引起的一种 DNA 序列多样性，属于一种科学现象。InDel 分子标记既可以是一个碱基的插入或缺失，还可以是一段碱基序列的插入或缺失，实质上属于一种特殊的 SNP 分子标记。在目前的专利申请中，存在将 SNP 分子标记与 SNP 混用的情形。当专利申请请求保护的主题名称为 SNP 本身或除主题名称外的其他内容实际限定了分子标记为 SNP 本身时，其技术方案不符合《专利法》第二条第二款的规定。

（2）指纹图谱，指纹图谱实质上是一种基于人的智力活动制定的规则，属于《专利法》第二十五条第一款第（二）项规定的"智力活动的规则和方法"的范围。由于其没有采用技术手段或者利用自然规律，也未解决技术问题和产生技术效果，因而不构成技术方案，也不符合《专利法》第二条第二款的规定。

（二）处理建议

对于上述分子标记案例情形，处理建议如下：

（1）如果请求保护的主题名称为"SNP""单核苷酸多态性""单核苷酸多态性位点"，权利要求仅是一种客观存在的现象，既不是一种产品，也不是一种方法，不符合《专利法》第二条第二款有关发明的定义。

如果权利要求请求保护的主题名称为“SNP 分子标记”“SNP 分子遗传标记”或“SNP 标记”，则还需进一步考量对其限定的全部内容。如果权利要求除主题名称外的其他内容实际限定了所述的 SNP 分子标记为诸如 SNP、SNP 位点、SNP 位置，基于权利要求的整体理解，保护的主题本质上仍然是 SNP、SNP 位点或 SNP 位置，则该权利要求也不符合《专利法》第二条第二款的规定。但如果权利要求的主题名称为“SNP 标记”等产品形式，权利要求中其他部分限定了 SNP 标记的序列，则此类权利要求符合《专利法》第二条第二款规定。有的权利要求也会限定扩增引物、扩增对象、限制性内切酶，相当于以方法限定了所述的分子标记，虽然不够直观，但也可以看出所述分子标记是 DNA 片段，即该权利要求符合《专利法》第二条第二款的规定。此时需要考虑，根据权利要求中记载的技术特征能否确定所请求保护的 SNP 分子标记的具体结构，即该分子标记是否限定清楚。

需要注意的是，上述不符合《专利法》第二条第二款规定的客体问题主要是由于申请文件撰写不当所致。在审查实践中，需要针对具体权利要求进行具体分析。这里建议申请人规范地撰写、清楚地限定 SNP 分子标记产品权利要求。

InDel 实质上属于一种特殊的 SNP 分子标记，因此就 InDel 相关主题的产品权利要求可以借鉴前述 SNP 的相关要求，需要考虑是否符合《专利法》第二条第二款有关发明的定义。

（2）如果权利要求请求保护的主题名称为“指纹图谱”，实质上是一种基于人的智力活动指定的规则，属于《专利法》第二十五条第一款第（二）项规定的“智力活动的规则和方法”，则属于不授予专利权的客体。同时，《专利审查指南》第二部分第一章关于智力活动的规则和方法中指出，智力活动的规则和方法，由于没有采用技术手段或者利用自然规律，也未解决技术问题和产生技术效果，因而不构成技术方案，不符合《专利法》第二条第二款中发明的规定。

（三）案例分析

案例 3-3-1　主题为 SNP 位点类

【案情简介】

该申请涉及一种与长牡蛎快速生长相关的 SNP 位点，所述的 SNP 位点位于基因 LOB 的外显子中，是序列为 SEQ ID NO：1 的自 5′端起第 341 位，其碱基为 G 或 T；此标记的基因型个体的 GG 型壳宽显著大于 TT 基因型和 TG 基因型个体（$P<0.05$），

改变了氨基酸序列的构成（TTG/TTT），由亮氨酸变成了苯丙氨酸（Leu/Phe）。

涉及的权利要求如下：

1. 一种与长牡蛎生长相关的SNP位点，其特征在于，所述的SNP位点位于基因LOB的外显子中，是序列为SEQ ID NO：1的自5′端起第341位，其碱基为G或T。

【案例分析】

该权利要求请求保护的主题为“SNP位点”，仅是一种客观存在的现象，既不是一种产品，也不是一种方法，不符合《专利法》第二条第二款有关发明的定义。

案例3－3－2 主体为SNP标记，实质为SNP位置类

【案情简介】

该申请涉及一种与猪初生体重性状相关的SNP标记，所述SNP标记位于猪国际基因组11.1版本参考序列的第4号染色体上第112031589位核苷酸位点，所述SNP标记在所述位点处为G或A。

涉及的权利要求如下：

1. 一种与猪初生体重性状相关的SNP标记，其特征在于：所述SNP标记位于猪国际基因组11.1版本参考序列的第4号染色体上第112031589位核苷酸位点，所述SNP标记在所述位点处为G或A。

2. 根据权利要求1所述的SNP标记，其特征在于：所述SNP标记位于SEQ ID No.1所示序列自5’端起的第127位碱基。

3. 根据权利要求1或2所述的SNP标记，其特征在于：所述SNP标记为AA基因型的母猪所产仔猪的初生体重显著大于所述SNP标记为AG基因型或GG基因型的母猪所产仔猪的初生体重。

【案例分析】

虽然上述权利要求请求保护的主题为“SNP分子标记”，但除主题名称外的其他内容实际限定了所述的SNP分子标记仍为SNP位置，即位于猪国际基因组11.1版本参考序列的第4号染色体上第112031589位核苷酸位点。基于对权利要求的整体理解，保护的主题本质上仍然是猪的SNP位置，不符合《专利法》第二条第二款有关发明的定义。

案例3-3-3 主题为SNP标记，实质为SNP位置类

【案情简介】

该申请涉及与剩余采食量相关的TPP2基因的SNP分子遗传标记，该遗传标记位于猪11号染色体70987006bp位置，且属于TPP2基因的内含子序列中，该位置为一个C>T突变，猪参考基因组为Sscrofa11.1。

涉及的权利要求如下：

1. 与剩余采食量相关的TPP2基因的SNP分子遗传标记，其特征在于，所述SNP分子遗传标记位于猪11号染色体70987006bp位置，且属于TPP2基因的内含子序列中，该位置为一个C>T突变，猪参考基因组为Sscrofa11.1。

2. 根据权利要求1所述的与剩余采食量相关的TPP2基因的SNP分子遗传标记，其特征在于，所述SNP分子遗传标记的序列为突变位点的上下游100bp序列。

【案例分析】

虽然权利要求1请求保护的主题为"SNP分子遗传标记"，但除主题名称外的其他内容实际限定了所述的SNP分子标记仍为SNP位置。基于对权利要求的整体理解，保护的主题本质上仍然是猪的SNP位置，不符合《专利法》第二条第二款有关发明的定义。

从属权利要求2限定了所述SNP分子遗传标记的序列为突变位点的上下游100bp序列，符合《专利法》第二条第二款的规定。但是，对于所述的突变位点的上下游100bp序列有不同的理解，例如可以是突变位点上游和下游各100bp，也可以是上游和下游共100bp，这使得权利要求的保护范围不清楚，不符合《专利法》第二十六条第四款的规定。

案例3-3-4 主题为SNP标记，实质为DNA序列类

【案情简介】

该申请涉及与绵羊单胎多羔性状相关的SNP分子标记及其检测引物组、检测试剂盒和应用。

涉及的权利要求如下：

根据权利要求1所述的SNP分子标记，其特征在于，所述SNP分子标记为SEQ ID No.1所示的核苷酸序列，所述SEQ ID No.1所示的核苷酸序列自5'端起第59位存在A/G碱基突变。

【案例分析】

权利要求请求保护的主题名称为“SNP 分子标记”，其他内容限定了所述 SNP 分子标记是一段 DNA 序列，具体限定了 SNP 位点位置和碱基类型，因此该权利要求符合《专利法》第二条第二款的规定。

案例 3-3-5 主题为位点类

【案情简介】

该申请涉及与梨果皮红色性状连锁的 InDel 位点及基于该位点的分子标记及其应用。该分子标记位于“中矮 1 号”梨参考基因组（GeneBank 登录号：SMOL00000000）的 Chr5 的 26306039 碱基处，该处的碱基序列为 T，变异序列如 SEQ ID NO：3 所示，为 5′-TAACAAATTTTACTACCAAAGGATTCCATTTTAGC-3′。

涉及的权利要求如下：

与梨果皮红色性状连锁的位点，其特征在于，位点的核苷酸序列包括位于“中矮 1 号”梨参考基因组的 Chr5 的 26306039 碱基处的位点的核苷酸序列，参考基因组的 GeneBank 登录号：SMOL00000000。

【案例分析】

该权利要求为产品权利要求，主题名称为“位点”，仅是一种客观存在的现象，既不是一种产品，也不是一种方法，不符合《专利法》第二条第二款有关发明的定义。

案例 3-3-6 主题为指纹图谱类

【案情简介】

该申请涉及一株人工驯化黑牛肝菌菌株 HZ18006 及其 SSR 标记指纹图谱。该菌株提高子实体产量，HZ18006 菌株的 SSR 标记指纹图谱由 10 对 SSR 标记组成，结合准确定量的毛细管电泳荧光检测方法，可用于 HZ18006 菌株的快速鉴别。

涉及的权利要求如下：

1. 一种黑牛肝菌（Phlebopus portentosus）HZ18006 菌株的 SSR 标记指纹图谱，其特征在于：基于牛肝菌基因组简单重复序列片段开发的 SSR 引物获得，由 10 对 SSR 标记组成，标记的具体序列见下表……。

【案例分析】

该权利要求请求保护的主题是一种 SSR 标记指纹图谱，而该 SSR 标记指纹图谱属于采用分析手段获得的能够表示该生物特性的图谱，实质上是一种基于人的智力活动制定的规则，属于《专利法》第二十五条第一款第（二）项规定的智力活动的规则和方法，属于不授予专利权的客体。同时，《专利审查指南》第二部分第一章关于智力活动的规则和方法中指出，智力活动的规则和方法，由于其没有采用技术手段或者利用自然规律，也未解决技术问题和产生技术效果，因而不构成技术方案，不符合《专利法》第二条第二款中发明的规定。

二、《专利法》第二十五条第一款

《专利法》第二十五条第一款规定，科学发现、智力活动的规则和方法、疾病的诊断和治疗方法等主题不授予专利权。

（一）常见情形

实践中，对于分子标记案例，涉及主题属于《专利法》第二十五条第一款所列不授予专利权的客体，常见的情形包括如下三种：

（1）科学发现。科学发现是指对自然界中客观存在的物质、现象、变化过程及其特性和规律的揭示。科学理论是对自然界认识的总结，是更为广义的发现。它们都属于人们认识的延伸。这些被认识的物质、现象、过程、特性和规律不同于改造客观世界的技术方案，不是专利法意义上的发明创造，因此不能被授予专利权。例如，从自然界找到一种以前未知的以天然形态存在的分子标记/DNA 等，仅仅是一种发现，不能被授予专利权。

（2）智力活动的规则和方法。智力活动，是指人的思维运动，它源于人的思维，经过推理、分析和判断产生出抽象的结果，或者必须以人的思维运动作为媒介，间接地作用于自然产生结果。智力活动的规则和方法是指导人们进行思维、表述、判断和记忆的规则和方法，由于没有采用技术手段或者利用自然规律，也未解决技术问题和产生技术效果，因而不构成技术方案。因此，指导人们进行这类活动的规则和方法不能被授予专利权，例如权利要求请求保护的主题为“指纹图谱”。

（3）疾病的诊断和治疗方法。疾病的诊断和治疗方法，是指以有生命的人体或者动物体为直接实施对象，识别、确定或消除病因或病灶的过程。出于人道主义的考虑和社会伦理的原因，医生在诊断和治疗过程中应当有选择各种方法和条件的自由。另外，与疾病相关分子标记的应用或检测方法往往涉及以有生命的人体或动物体为实施对象，无法在产业上利用。分子标记类案例方法权利要求需留意可能涉及疾病的诊断和治疗方法。

（二）处理建议

对于上述三种分子标记案例情形，处理建议如下：

（1）如果权利要求请求保护的主题为SNP位点，则不符合《专利法》第二条第二款的规定，同时也属于《专利法》第二十五条第一款中科学发现的范畴。

对于SSR分子标记案例，如果权利要求请求保护的主题为“DNA片段”，则由于DNA片段是自然界中客观存在的，属于对自然界中客观存在物质的揭示，因此属于《专利法》第二十五条第一款第（一）项中科学发现的范围。

（2）如果权利要求请求保护的主题为“指纹图谱”，则由于指纹图谱实质上是一种基于人的智力活动制定的规则，因此属于《专利法》第二十五条第一款第（二）项规定的智力活动的规则和方法的范围，没有采用技术手段或者利用自然规律，也未解决技术问题和产生技术效果，因而不构成技术方案。涉及指纹图谱的技术方案同时不符合《专利法》第二条第二款有关发明的规定。对于涉及检测动物或人体的分子标记（如SNP、InDel）或其应用的方法权利要求，要关注说明书的内容，站位本领域技术人员，分析是否涉及疾病的诊断或者治疗。

（3）如果权利要求的技术方案涉及以有生命的人或动物体为对象，通过分子标记检测获得疾病诊断结果或健康状况，则属于《专利法》第二十五条第一款第（三）项规定的疾病的诊断和治疗方法的范围。关于疾病的诊断方法，如果申请中明确提到涉及以有生命的人体或动物体离体样品为对象，以获得同一主体疾病诊断结果或健康状况为直接目的的技术方案，则属于疾病的诊断方法范围。很多时候，技术方案并未明确提到方法可用于诊断的目的。然而，若本领域技术人员根据说明书记载的内容或现有技术，能够知道其直接目的是诊断疾病，则该方法仍属于疾病的诊断方法范围。此外，在涉及非编码RNA的案例中也比较常见，即疾病治疗效果预测方法，也属于疾病的诊断方法范围。

关于疾病的治疗方法，如果申请中明确提到涉及治疗或预防疾病，那么属于疾病的治疗方法的情形。有些案例并未明确方法为治疗方法，而是通过发病机理、治疗机理、给药途径、用作药物等限定，如果本领域技术人员根据说明书记载的内容或现有技术，能够确定治疗机理等作用实质上是用于治疗或预防疾病，则该方法仍属于疾病的治疗方法范围。

（三）案例分析

案例3-3-7 主题为DNA分子类

【案情简介】

该申请涉及一种辅助鉴定西瓜果实含糖量的方法以及SNP标记和KASP标记，包括如下步骤：检测待测西瓜基于特异SNP的基因型；CC基因型西瓜的果实含糖量高于AA基因型西瓜。

涉及的权利要求如下：

1. 一种DNA分子，序列如序列表的序列1所示。

【案例分析】

该权利要求请求保护DNA分子，如序列表的序列1（略）所示。该权利要求所述的DNA分子是人们从自然界找到以天然形态存在的DNA片段，仅仅是一种发现，属于《专利法》第二十五条第一款第（一）项规定的科学发现，不能被授予专利权。

案例3-3-8 主题为评分体系类

【案情简介】

涉及的权利要求如下：

1. 一种预测肿瘤免疫治疗疗效或预后的评分体系，其特征在于，所述体系包括lncRNA，lncRNA包括DLGAP1-AS1、RAMP2-AS1、BVES-AS1、LIPE-AS1、LINC01118、FGD5-AS1、AL513365.2、EMC1-AS1、FTX、SNHG15、TMEM147-AS1、TTN-AS1、FLG-AS1、CDKN2B-AS1、USP2-AS1、SBF2-AS1、AC113382.1、NOP14-AS、AC012636.1、LINC01605、PCAT1、BRWD1-AS2、USP3-AS1、VPS9D1-AS1、AC093249.6、SNHG8、FUT8-AS1、NKILA、SLFNL1-AS1。

【案例分析】

上述权利要求涉及一种评分体系，其解决方案是对一组lncRNA进行评分，限定的特征实质上均属于人为设定的规则和方法，符合《专利审查指南》第二部分第一章第4.2节对智力活动的规则和方法所作的定义，即指导人们进行思维、表述、判断和记忆的规则和方法。因此，上述权利要求请求保护的技术方案属于智力活动的规则和方法。

尤其在涉及预后或诊断模型的案例中，可能会涉及评分体系。如果技术方案中仅含有智力活动的规则和方法，并不含有技术特征，则认为该技术方案属于指导人们进行思维、表述、判断和记忆的规则和方法。

案例3－3－9 主题为检测方法类

【案情简介】

该申请涉及一种高甘油三酯血症突变位点的检测方法和检测试剂盒，以LPL、GPIHBP1、APOA5－1、LMF1、GPD1基因为靶标，设计并开发出针对这5个基因的15个外显子区域的靶序列测序方法。多重PCR技术可以实现单管扩增这15个片段，反应产物经过酶催化后直接上机测序，获得了高质量的序列，分析可发现突变的位置和种类，为高甘油三酯血症的预防、诊断和治疗提供精准医学的指导。

涉及的权利要求如下：

一种高甘油三酯血症突变位点的检测方法，其特征在于，通过设计出特异性引物再利用单管多重PCR扩增反应得到目标片段，并设计出测序引物，再采用非割胶纯化的Sanger测序法对得到的目标片段进行测序。

【案例分析】

该权利要求请求保护一种高甘油三酯血症突变位点的检测方法。根据该申请说明书记载，研究表明LPL基因缺陷或突变可导致重症高甘油三酯血的发生，除LPL外，LMF1、GPIHB1、APOA5、GPD1等基因突变或缺陷也可致重度原发性高甘油三酯血症。由此可知，该权利要求请求保护的技术方案涉及一种以有生命的人体或动物体（包括离体样本）为检测对象，以获得同一主体疾病诊断结果或健康状况为直接目的的方法，属于疾病的诊断方法的范围。

案例3－3－10 主题为检测方法类

【案情简介】

该申请涉及快速检测羊水中胎儿细胞VHL基因大片段缺失的方法及试剂盒，而VHL基因的突变会导致Von Hippel－Lindau（VHL）综合征。

涉及的权利要求如下：

1. 一种快速检测羊水中胎儿细胞VHL基因突变的方法，其特征在于，包括：通过提取羊水中胎儿细胞的DNA，获得DNA溶液；对所述的DNA溶液进行母体遗传物质污染与否的检测，判断DNA溶液中是否存在母体遗传物质污染；若判断DNA

溶液中不存在母体遗传物质污染，则直接对胎儿细胞进行 VHL 基因突变检测；若判断 DNA 溶液中存在母体遗传物质污染，则对羊水中胎儿细胞进行培养传代后再进行 VHL 基因突变检测；所述 VHL 基因突变检测包括采用荧光原位杂交探针对所述羊水中胎儿细胞进行 VHL 基因大片段缺失的检测，获得所述胎儿细胞是否存在大片段缺失的检测结果。

【案例分析】

该权利要求请求保护一种快速检测羊水中胎儿细胞 VHL 基因突变的方法，结合说明书的记载以及现有技术，VHL 基因的大片段缺失可以导致 Von Hippel - Lindau（VHL）综合征。因此该权利要求的技术方案涉及对人的离体样品羊水进行检测，即可获知该同一主体疾病的诊断结果。因此，上述权利要求请求保护的技术方案属于疾病的诊断方法的范围。

案例 3 - 3 - 11　主题为预测方法类

【案情简介】

涉及的权利要求如下：

1. 一种预测肿瘤免疫治疗预后的方法，其特征在于，包括以下步骤：

（1）收集肿瘤患者数据；

（2）筛选与接受免疫治疗患者的生存具有显著相关性的长链非编码 RNA（lncRNA）；

（3）建立 lncRNA 评分公式；

（4）获得 lncRNA 评分，根据获得的评分将 lncRNA 分为高评分组和低评分组；

（5）通过 lncRNA 评分高低预测临床肿瘤免疫治疗疗效或预后，lncRNA 评分高判定肿瘤免疫治疗疗效和预后较好；lncRNA 评分低则判定肿瘤免疫治疗疗效和预后较差。

【案例分析】

上述权利要求请保护一种预测肿瘤免疫治疗预后的方法。预后判断实质上是一种疾病治疗效果预测方法，根据《专利审查指南》第二部分第一章第 4.3.1.1 节的规定，疾病治疗效果预测方法属于诊断方法。因此，上述权利要求请求保护的技术方案属于疾病的诊断方法的范围。

案例 3－3－12 主题为应用类

【案情简介】

涉及的权利要求如下：

1. 甲基化转移酶抑制剂 5－Aza－CdR 在调控长链非编码 RNA 为 LINC01419 的表达及其对 5－FU 的应答的应用。

【案例分析】

该权利要求请求保护甲基化转移酶抑制剂 5－Aza－CdR 在调控长链非编码 RNA 为 LINC01419 的表达及其对 5－FU 的应答的应用。根据该申请公开的内容及现有技术可知，去甲基化试剂 5－Aza－CdR 可引起的 GSTP1 去甲基化，ESCC 细胞增殖减少，细胞凋亡增加，同时 5－FU 对 ESCC 细胞的敏感性增加，下调 LINC01419，是 ESCC 治疗中临床上可行的靶点。因此，将甲基化转移酶抑制剂 5－Aza－CdR 应用在调控长链非编码 RNA 为 LINC01419 的表达及其对 5－FU 的应答，能够起到 ESCC 缓解或治疗的效果。因此，该权利要求属于《专利法》第二十五条第一款第（三）项所述的疾病的治疗方法的范围。

第四节 其他法条的相关要求

一、《专利法》第二十六条第三款

《专利法》第二十六条第三款规定，说明书应当对发明或者实用新型作出清楚、完整的说明，以所属技术领域的技术人员能够实现为准。说明书对发明或者实用新型作出的清楚、完整的说明，应当达到所属技术领域的技术人员能够实现的程度。

（一）常见情形

实践中，分子标记案例涉及《专利法》第二十六条第三款的情形包括如下两种：

（1）分子标记本身公开不充分。分子标记属于一种特殊的产品，产品必须是清楚、明确的，否则会导致所属技术领域的技术人员不能够实现。特别是一些新发现的分子标记，本领域常用的数据库通常查询不到其序列或信息，因此说明书中一般应公开其序列或信息。若专利申请未公开分子标记的序列或位置等信息，则本领域技术人员无法实现发明的技术方案，可能导致案例说明书公开不充分。

（2）分子标记与性状之间的关联性公开不充分。《专利审查指南》第二部分第二章第2.1.3节列出了被认为无法实现的五种情况，其中分子标记主要涉及第（5）种情形，即说明书中给出了具体的技术方案，但未给出实验证据，而该方案又必须依赖实验结果加以证实才能成立。对于分子标记而言，发明的实质在于发现和/或确立分子标记与性状之间的关联性，而这种关联性依赖实验数据支撑。如果本领域的技术人员根据现有技术无法预期分子标记与相关性状存在关联，并且说明书中又未给出足以证明该分子标记与性状关联的实验数据，则属于说明书公开不充分的情形。

（二）处理建议

对于上述两种情形，处理建议如下：

（1）对于分子标记类案例，发明通常会涉及请求保护分子标记本身或分子标记的检测试剂类产品权利要求，以及性状关联的方法权利要求。在判断新颖性和创造性之前，需确定案例是否公开充分。公开充分一般包括两个部分，即分子标记本身是公开充分的，分子标记与性状的关联也是公开充分的。对于分子标记本身是否公开充分，应重点确认产品是否清楚、明确，例如序列或结构等信息申请是否记载清楚，以使得所属技术领域的技术人员能够实现。

（2）对于分子标记与性状的关联是否公开充分，应重点分析申请公开的实验数据，确认所公开的实验数据是否能够充分证明两者之间的关联性。关于实验数据，如果说明书中仅记载了分子标记的差异表达数据，并未公开相应的临床验证实验数据或生物学实验数据（细胞或动物实验），则通常认为这类申请公开不充分。

（三）案例分析

下面针对前面列举的情形，结合具体的案例进行说明。

1. 分子标记本身公开不充分

分子标记必须是清楚、明确的，否则会导致所属技术领域的技术人员不能够实现。

案例3-4-1　无法获知SNP位点的具体信息类

【案情简介】

该申请涉及发现与西瓜叶片颜色相关的SNP分子标记。该申请在说明书中采用三种方式公开了其声称的SNP位点：与西瓜叶片后绿性状紧密连锁的SNP位点，在西瓜基因组3号染色体17896014bp位置，碱基变化为T→C；与西瓜叶片后绿基因相关的SNP标记具有SEQ ID NO：1和SEQ ID NO：2的核苷酸碱基序列；扩增所述SNP标记的引物对。

【案例分析】

经过分析发现，第一种方式中西瓜基因组已经公开了有3个版本，该申请并没有指出其是哪个版本，第二种方式中两条序列完全相同，第三种方式给出的引物序列匹配位置不在申请人描述的第一种方式对应的位置。因此，从该申请描述的三种方式均无法获知其SNP位点的具体信息，因此说明书存在公开不充分的问题。

对于SNP分子标记案例，须留意未以rs号或者惯用名称命名的SNP分子标记。如果说明书中通过不同的方式详细记载了SNP位点的信息，然而通过说明书的记载或者进一步结合现有技术，仍无法明确SNP的信息，则对于该SNP分子标记公开不充分。

案例3-4-2　相关内容不清楚类

【案情简介】

涉及的权利要求如下：

1. 检测lncRNA-BF368575表达量的引物在制备肝细胞癌预后检测试剂中的应用。

【案例分析】

该申请的说明书并没有记载BF368575作为lncRNA的具体结构和序列，虽然记载了采用定量PCR对lncRNA BF368575进行检测，但并未公开其检测引物对的具体序列和结构信息。在本领域常用的lncRNA数据库如LNCcipedia、Lncbook、NONCODE中也未检索到该申请lncRNA BF368575相关信息，仅在NCBI、ENSML和UCSC数据库中检索到genebank号为BF368575的相关序列，但并没有公开该序列为lncRNA，仅公开了为EST。该申请说明书以及权利要求、说明书附图均没有公开lncRNA BF368575

的具体结构和序列信息，且 lncRNA BF368575 也非本技术领域公知的 lncRNA 分子，因此本领域技术人员无法实现对 lncRNA BF368575 的检测，从而无法实现本发明的技术方案。可见，lncRNA－BF368575 是不清楚、不明确的，因此，该申请的说明书未对发明作出清楚、完整的说明，致使所属技术领域的技术人员不能实现。

2. 分子标记与性状的关联存在公开不充分

分子标记与性状的关联是否充分公开依赖实验证据证明。根据本领域技术人员的公知常识可知，对于同一疾病可能有许多相关基因的表达发生变化；不同的疾病也会引起相同基因表达的变化，而且任何一种疾病或者病理状态都会引起非常多的基因改变，因此即使通过所述实验观察到患者人群样本与健康人样本比较的差别，有相关性，相关分子标记也不一定能作为标志物。对于分子标记而言，必须对检测某种疾病具有特异性和高敏感性（能够非常有效地检测出该疾病状态）两方面的特质，否则会导致结果出现假阳性或假阴性。如果说明书都没有进行上述两方面的验证，同时也没有生物学实验（例如细胞或动物实验）验证分子标记与性状的关联性，则该说明书可能存在说明书公开不充分的问题。

案例 3－4－3 缺乏数据支撑类情形一

【案情简介】

涉及的权利要求如下：

1. 检测长链非编码 RNA 表达的试剂在制备脓毒症诊断产品中的应用，其特征在于：所述长链非编码 RNA 的编码基因 Gene ID：105371870。

【案例分析】

该申请请求保护 LOC105371870 作为诊断脓毒症的标志物。根据说明书的记载，该申请通过选取 3 例医院呼吸科、急诊监护室脓毒症患者和 3 例健康志愿者作为研究对象，提取患者全血总 RNA 并通过 Illumina 测序，比较脓毒症患者组和健康对照组中 lncRNA 和 mRNA 的表达差异，发现脓毒症患者血液中 LOC105371870 表达水平显著下降。另外，该申请说明书中并没有记载具体的测序数据，仅提供了血液中 LOC105371870 表达量在患者组和健康对照组的差异情况。

然而，本领域技术人员应知晓，对于同一疾病可能有许多相关 lncRNA 的表达发生变化；不同的疾病也会引起相同 lncRNA 表达的变化，而且任何一种疾病或病理状态都会引起非常多的 lncRNA 改变。疾病诊断标志物必须对检测某种疾病具有特异性和高敏感性（能够非常有效地检测出该疾病状态）两方面的特质，否则会导致结果出现假阳性或假阴性。因而，仅从简单的基因表达量有差异不足以得出该基因可作为所述疾病标志物的结论，即使通过所述实验观察到患者人群样本与健康人样本比较的差别，有相关性，相关分子标记也不一定能作为标志物。该申请说明书记载的内容并不能确定LOC105371870表达水平在脓毒症患者和正常人中的表达情况和对应关系，因此，根据该申请目前记载的实验数据，不足以证明LOC105371870进行脓毒症诊断具有良好的特异性和高敏感性，因而也不足以得出LOC105371870可作为所述疾病标志物的结论。因此，该申请说明书公开不充分。

案例3-4-4 缺乏数据支撑类情形二

【案情简介】

涉及的权利要求如下：

1. 一种用于检测狼疮性肾炎或预测罹患狼疮性肾炎的风险之方法，其包含以下步骤：

（a）自疑似患有狼疮性肾炎之一个体取得一测试样品，体外测定该测试样品中的至少一miRNA的表达水平，该至少一miRNA系选自由miRNA-146a-5p、miRNA-125a-5p及miRNA-221-3p所组成的群组；以及

（b）若该测试样品中的该至少一miRNA的表达水平相对于一无狼疮性肾炎测试样本中对应的miRNA的表达水平较低时，则识别该个体患有狼疮性肾炎或具有罹患狼疮性肾炎的风险。

【案例分析】

该申请说明书公开了采用NGS测序和PCR得到miRNA差异表达的实验数据，获得三种在无狼疮性肾炎系统性红斑狼疮（SLE）患者和狼疮性肾炎患者间存在显著性差异的miRNA，即miRNA-146a-5p、miRNA-125a-5p及miRNA-221-3p，并提供实验数据证明三种miRNA中miRNA-146a-5p与临床白细胞、嗜中性球、淋巴球及肌酸酐水平显著相关（$p<0.05$），但没有证据证明所述3种临床标记物与狼疮性肾炎的相关性。虽然说明书记载了在狼疮性肾炎患者接受治疗后，miRNA-125a-5p显著升高，miRNA-146a-5p升高且非常接近统计学意义，还提到了ZNF652和ETS1基因在狼疮性肾炎患者中mRNA表达水平显著升高，而且可被上述3种miRNA抑制，TRAF6在狼疮性肾炎患者中mRNA水平显著较高，而且可被miRNA-146a-5p和miRNA-125a-5p抑制，并且所有3种miRNA在狼疮肾炎患者的外周血单个核细胞（PBMC）中显著降低，但是上述记载的内容在说明书中仅有断言式结论，缺乏具

体的实验数据，也没有现有技术证据证明。该申请说明书中没有提供相应的验证试验，因此即使观察到所述3种miRNA在无狼疮性肾炎SLE患者和狼疮性肾炎患者间存在显著性差异，本领域技术人员也无法预期所述3种miRNA一定能作为检测狼疮性肾炎的标志物。因此，该申请说明书公开不充分。

二、《专利法》第二十六条第四款

《专利法》第二十六条第四款规定："权利要求书应当以说明书为依据，清楚、简要地限定要求专利保护的范围。"权利要求书应当以说明书为依据，是指权利要求应当得到说明书的支持。权利要求书中的每一项权利要求所要求保护的技术方案应当是所属技术领域的技术人员能够从说明书充分公开的内容中得到或概括得出的技术方案，并且不得超出说明书公开的范围。权利要求书应当清楚、简要：一是指每一项权利要求应当清楚、简要，二是指构成权利要求书的所有权利要求作为一个整体也应当清楚、简要。

（一）常见情形

实践中，分子标记案例涉及《专利法》第二十六条第四款不支持或不清楚的问题较为常见。

对于说明书不支持问题，通常包括以下三种情形：①权利要求请求保护分子标记的应用；②说明书中仅验证了分子标记能够用于某一特定物种的鉴定或与特定物种某种具体性状存在关联，权利要求请求保护该分子标记在多个物种或多个性状上的应用，或者说明书中仅记载了某一特定分子标记的相关实施例，而权利要求请求保护多种分子标记的相关应用；③涉及具体序列的分子标记，说明书中仅记载了分子标记为某一具体序列时的相关实施例，而权利要求请求保护涉及该序列及其衍生序列（如延长、截短、碱基替换等）的分子标记的相关应用。

对于不清楚问题，通常包括以下四种情形：①主题名称中既包含有产品，又包含有应用；②权利要求中出现含义不确定的用语或非本领域公知的用语；③权利要求中出现限定不同保护范围或表述不清楚的用语，或者存在括号内外用语含义不同的情况；④权利要求中分子标记在基因组中的位置不明确。

（二）处理建议

对于权利要求中涉及说明书不支持的问题①，本领域技术人员知晓，分子标记通常作为检测或调节的靶标，其本身并不能够直接被应用于性状的调控或相关检测中，因此，这种权利要求通常是得不到说明书支持的；而对于权利要求中涉及说明书不支持的问题②或③，需要站位本领域技术人员进行分析和甄别，考虑验证的物种及性状的差异、序列的变化等是否会影响分子标记的用途以及实施例中选择的研究对象是否具有代表性，判断权利要求的技术方案是否得到说明书的支持。

对于权利要求中涉及上述不清楚的问题，首先，权利要求应明确其为产品权利要求还是方法权利要求。其次，很多申请涉及新的分子标记，发明人往往自己对其进行命名。对于这些自命名的分子标记，名称或序列通常不是本领域公知的，本领域常用的数据库查询不到其序列，如果权利要求中未限定具体序列，则本领域技术人员并不清楚非编码 RNA 具体为何。因此，权利要求请求保护的范围不清楚。

（三）案例分析

案例 3－4－5 得不到说明书支持的情形一

【案情简介】

该申请涉及与草鱼性状相关的 SNP 分子标记及其应用。该分子标记核苷酸序列如 SEQ ID NO. 1—4 所示，其中 SEQ ID NO. 1 的第 159 位 Y 为碱基 T 或 C，SEQ ID NO. 2 的第 410 位 Y 为碱基 C 或 T，SEQ ID NO. 3 的第 370 位 Y 为碱基 C 或 T，SEQ ID NO. 4 的第 374 位 Y 为碱基 C 或 T。检测草鱼基因序列 SEQ ID NO. 1 的第 159 位碱基处的 SNP 位点是否为基因型 CC，若是，则为体重优异、生长快的草鱼；或/和，检测草鱼基因 SEQ ID NO. 2 的第 410 位碱基处的 SNP 位点是否为基因型 CC，若是，则为体重优异、生长快的草鱼；或/和，检测草鱼基因 SEQ ID NO. 3 的第 370 位碱基处的 SNP 位点是否为基因型 CC，若是，则为体重优异、生长快的草鱼；或/和，检测草鱼基因 SEQ ID NO. 1 的第 374 位碱基处的 SNP 位点是否为基因型 TT，若是，则为体重优异、生长快的草鱼。

涉及的权利要求如下：

1. 与草鱼生长相关的 SNP 分子标记检测引物组在判断或鉴别草鱼生长快慢中的应用，其特征在于，所述 SNP 分子标记检测引物组包括核苷酸序列如 SEQ ID NO. 1—12 所示的引物。

【案例分析】

该权利要求请求保护与草鱼生长相关的 SNP 分子标记检测引物组在判断或鉴别

草鱼生长快慢中的应用。根据说明书的记载，该申请的首要目的在于提供与草鱼体重相关的 4 个 SNP 标记及应用。且从表 3 中可知，草鱼基因 SEQ ID NO. 1 第 159 位碱基、基因 SEQ ID NO. 2 第 410 位碱基、基因 SEQ ID NO. 3 第 370 位碱基，或/和基因 SEQ ID NO. 4 第 374 位碱基处的 SNP 位点，与草鱼的体重密切相关。可见，本发明要解决的技术问题是提供与草鱼体重相关的 SNP 标记及应用。而说明书中仅验证了草鱼基因 SEQ ID NO. 1 第 159 位 Y 为碱基 T 或 C，该碱基处的 SNP 位点与草鱼体重相关。SNP 位点与整个基因片段的性质、功能不同；且草鱼生长快慢相关性状除体重外，还涉及体长、体高等多种性状。而基于该申请说明书记载的内容及现有技术，本领域技术人员无法预期该权利要求请求保护的技术方案能够解决所要解决的技术问题并达到相同的技术效果。

案例 3-4-6 得不到说明书支持的情形二

【案情简介】

涉及的权利要求如下：

1. miR396e 和 miR396f 在调控水稻株型中的应用，其特征在于，所述 miR396e 的核苷酸序列如 SEQ ID NO. 1 或 SEQ ID NO. 2 所示；所述 miR396f 的核苷酸序列如 SEQ ID NO. 3 或 SEQ ID NO. 4 所示。

2. miR396e 和 miR396f 的编码基因在调控水稻株型中的应用，其特征在于，所述 miR396e 的编码基因的核苷酸序列如 SEQ ID NO. 5 所示；所述 miR396f 的编码基因的核苷酸序列如 SEQ ID NO. 6 所示。

…………

4. miR396e 和 miR396f 在调控水稻穗型和粒重中的应用，其特征在于，所述 miR396e 的核苷酸序列如 SEQ ID NO. 1 或 SEQ ID NO. 2 所示；所述 miR396f 的核苷酸序列如 SEQ ID NO. 3 或 SEQ ID NO. 4 所示。

5. miR396e 编码基因和 miR396f 编码基因在调控水稻穗型和粒重中的应用，其特征在于，所述 miR396e 的编码基因的核苷酸序列如 SEQ ID NO. 5 所示；所述 miR396f 的编码基因的核苷酸序列如 SEQ ID NO. 6 所示。

【案例分析】

权利要求 1 请求保护 miR396e 和 miR396f 在调控水稻株型中的应用，权利要求 2 请求保护 miR396e 和 miR396f 的编码基因在调控水稻株型中的应用，权利要求 4 请求保护 miR396e 和 miR396f 在调控水稻穗型和粒重中的应用，权利要求 5 请求保护

miR396e 编码基因和 miR396f 编码基因在调控水稻穗型和粒重中的应用。然而，根据该申请说明书实施例的记载可知，该申请是通过构建同时靶向 miR396e 编码基因和 miR396f 编码基因的 CRISPR/Cas9 载体，采用 CRISPR/Cas9 技术对水稻基因组中 miR396e 编码基因和 miR396f 编码基因进行定点突变，从而达到调控水稻株型、穗型和粒重的目的。对于 miR396e 和 miR396f，本领域技术人员难以预测将其转化到水稻中也能实现同样的功能；对于 miR396e 和 miR396f 的编码基因，其本身只是作为载体的靶标，并不能直接应用于调控水稻株型、穗型和粒重。因此，权利要求 1—2、4—5 请求保护的技术方案均得不到说明书的支持，不符合《专利法》第二十六条第四款的规定。

案例 3-4-7　得不到说明书支持的情形三

【案情简介】

涉及的权利要求如下：

1. 检测 miR-182、let-7c 表达水平的试剂在制备乳腺癌诊断、预后试剂盒中的应用。

【案例分析】

权利要求 1 请求保护检测 miR-182 表达水平的试剂在制备乳腺癌诊断、预后试剂盒中的应用，该申请说明书实施例仅记载了通过定量 RT-PCR 检测乳腺癌患者血清 miR-182 的表达，并发现乳腺癌患者血清中 miR-182 的表达水平显著高于健康对照组，且为探讨 miR-182 在乳腺癌患者诊断中的价值，该申请用 ROC 曲线确定 miR-182 在区分肺癌患者与健康对照的诊断界值为 0.712×10^3 拷贝/ml，灵敏度达到 95.7%，特异度达到 75.9%，曲线下面积 AUC = 0.810。本领域技术人员知晓，疾病的诊断和预后属于两种不同的疾病病程发展阶段，一种生物标志物在疾病患者中异常表达仅表明其具有成为该疾病诊断标志物的潜能，而是否可用于该疾病的预后还需进行总生存期分析、无复发生存期分析等。然而，该申请说明书中并未提供有关预后功能的试验数据。因此，对于权利要求 1 中涉及检测 miR-182 表达水平的试剂在制备乳腺癌预后试剂盒中的应用的技术方案得不到说明书的支持，不符合《专利法》第二十六条第四款的规定。

案例3-4-8 权利要求不清楚情形一

【案情简介】

该申请涉及与剩余采食量相关的TPP2基因的SNP分子遗传标记，该遗传标记位于猪11号染色体70987006bp位置，且属于TPP2基因的内含子序列中，该位置为一个C>T突变，猪参考基因组为Sscrofa11.1。

涉及的权利要求如下：

1. 与剩余采食量相关的TPP2基因的SNP分子遗传标记，其特征在于，所述SNP分子遗传标记位于猪11号染色体70987006bp位置，且属于TPP2基因的内含子序列中，该位置为一个C>T突变，猪参考基因组为Sscrofa11.1，所述SNP分子遗传标记的序列为突变位点的上下游100bp序列。

【案例分析】

在该权利要求中，对于所述的突变位点的上下游100bp序列有不同的理解，例如可以是突变位点上游和下游各100bp，也可以是上游和下游共100bp，因此该权利要求的保护范围不清楚，不符合《专利法》第二十六条第四款的规定。

案例3-4-9 权利要求不清楚情形二

【案情简介】

该申请涉及一个与西瓜种子大小相关的InDel分子标记，说明书中记载了该InDel分子标记是在西瓜参考基因组第2号染色体第29876565bp位置插入如SEQ ID NO：1所示的核苷酸序列。

涉及的权利要求如下：

1. 一种与西瓜极小种子基因ts共分离的InDel分子标记，其特征在于，其核苷酸序列如SEQ ID NO：1所示。

【案例分析】

InDel位点是由插入或缺失的序列和位置两部分共同来决定InDel位点的信息，而权利要求1中只限定了插入或缺失的序列，没有限定位置，因此该权利要求的保护范围不清楚，不符合《专利法》第二十六条第四款的规定。

案例 3-4-10 权利要求不清楚情形三

【案情简介】

涉及的权利要求如下：

1. 一种与鸭肠黏膜氧化应激损伤相关的 miRNA 及其应用，包括 miRNA，其特征在于，所述 miRNA 的核苷酸序列如 SEQ ID No. 1 所示。

【案例分析】

该权利要求的主题名称中既包含有产品，又包含有应用（属于方法权利要求），因此，该权利要求请求保护的主题类型不清楚，不符合《专利法》第二十六条第四款的规定。

案例 3-4-11 权利要求不清楚情形四

【案情简介】

涉及的权利要求如下：

1. 一种山羊环状 RNA，其特征在于，包括山羊环状 RNA circ_ZCCHC24。

【案例分析】

权利要求 1 并没有定义 circ_ZCCHC24 的结构（例如序列限定），而 circ_ZCCHC24 并不是现有技术中可查询到的环状 RNA，属于申请人自命名的一个环状 RNA。权利要求 1 仅用自定义的命名来限定产品，本领域技术人员并不清楚所述环状 RNA 具体为何，因此该权利要求的保护范围不清楚，不符合《专利法》第二十六条第四款的规定。

三、《专利法》第三十三条

《专利法》第三十三条规定，申请人可以对其专利申请文件进行修改，但是，对发明和实用新型专利申请文件的修改不得超出原说明书和权利要求书记载的范围。原说明书和权利要求书记载的范围包括原说明书和权利要求书文字记载的内容与根据原说明书和权利要求书文字记载的内容以及说明书附图能直接地、毫无疑义地确定的内容。

（一）常见情形

实践中，分子标记案例涉及《专利法》第三十三条规定的常见情形如下：涉及诊断和/或治疗目的的，方法/用途类权利要求的排除式修改。

（二）处理建议

对上述情形，处理建议如下：

当权利要求的技术方案涉及疾病的诊断方法，根据技术方案的结果可直接获知个体的健康状况时，或者当权利要求的技术方案涉及疾病的治疗方法，但是本领域技术人员无法将治疗目的和非治疗目的区分开时，仅通过非诊断目的的或非治疗目的的排除式修改方式是不允许的。

（三）案例分析

案例 3-4-12 涉及疾病诊断方法的排除式修改

【案情简介】

该申请涉及检测 DNA 样品中预定位点突变的引物、试剂盒、方法及应用。检测 DNA 样品中预定位点突变的方法包括以下步骤：使用扩增引物对 DNA 样品进行 PCR 扩增反应，使用延伸引物以及 ddNTP，以所述扩增产物为模板，进行寡核苷酸延伸反应，以便获得在所述延伸引物的 3’ 端连接一个碱基的延伸产物；以及基于延伸产物的分子量，确定所述预定位点的突变类型。

本申请原始递交权利要求 1 的主题是“一种检测 DNA 样品中耳聋相关突变位点组合的方法”，将其修改为“一种检测 DNA 样品中耳聋相关突变位点组合的方法，所述方法用于非诊断目的”。

【案例分析】

权利要求 1 明确限定 DNA 样品为人全基因组 DNA，并且限定了以所述耳聋相关突变位点组合中所有突变位点检测均为阳性时的检测结果为准。通过对权利要求 1 所列的已知与遗传性耳聋相关的基因突变位点进行检测，获知其突变是否存在，实质上就是对受试者的患病风险度进行评估，能够以此检测结果得知受试者是否患有遗传性耳聋或患有遗传性耳聋的风险度。即，实施了权利要求 1 的方法后，能够直接获得被测对象的诊断结果或健康状况，即使在权利要求中增加了“非诊断目的”的限定，仍无法改变该权利要求属于诊断方法的本质。因此，权利要求 1 的方法属于《专利法》第二十五条规定的不授予专利权的主题。

所述“研究基因突变对其编码的蛋白序列的影响，和/或研究蛋白序列的改变对蛋白功能的影响，和/或蛋白功能的改变对机体功能的影响”的非诊断目的是从一种检测突变的方法的应用方面进行的阐述。然而，一种检测突变方法如权利要求1那样明确限定了样本为“人全基因组DNA”，检测指标为特定的突变位点，结果判断标准为“以所述耳聋相关突变位点组合中所有突变位点检测均为阳性时的检测结果为准”，据此结果即可直接获知个体的健康状况，并非进行了排除式限定就不会获知个体的健康状况。基于以上原因，增加了“非诊断目的”的权利要求1的技术方案无法依据原申请文件直接、毫无疑义地加以确定，不符合《专利法》第三十三条的规定。

四、《专利法》第三十一条第一款

《专利法》第三十一条第一款及《专利法实施细则》第三十四条对发明或者实用新型专利申请的单一性作了规定。单一性，是指一件发明或者实用新型专利申请应当限于一项发明或者实用新型。属于一个总的发明构思的两项以上发明或者实用新型，可以作为一件申请提出。《专利法》第三十一条第一款所称的“属于一个总的发明构思”是指具有相同或者相应的特定技术特征。特定技术特征是专门为评定专利申请单一性而提出的一个概念，应当理解为体现发明对现有技术作出贡献的技术特征，也就是使发明相对于现有技术具有新颖性和创造性的技术特征，并且应当从每一项要求保护的发明的整体上考虑后加以确定。

（一）常见情形

在实践中，分子标记案例涉及《专利法》第三十一条第一款规定的常见情形包括：（1）多种不同分子标记组合的单一性；（2）从属权利要求的单一性。

（二）处理建议

对于以上两种情形，处理建议如下：

（1）对于多种不同的分子标记组合，要考虑分子标记组合是否独立发挥作用、相关联的上位概念，以及标记类型是否被现有技术公开。通常基于不同分子标记的不同组合不具备单一性。

（2）如果一项独立权利要求由于缺乏新颖性、创造性等理由而不能被授予专利权，则需要考虑其从属权利要求之间是否符合单一性的规定。但是一般情况下，只需要考虑独立权利要求之间的单一性，从属权利要求与其所从属的独立权利要求之间不存在缺乏单一性的问题。在多项从属权利要求之间是否具备单一性，取决于引用的独立权利要求是否具备新颖性和创造性的情况下，如果从属权利要求引用的独立权利要求具备创造性，其可以作为多项从属权利要求之间对现有技术作出贡献的特定技术特征，因此多项从属权利要求在技术上相互关联，属于一个总的发明构思，从而具备单一性。

（三）案例分析

案例3-4-13 多组不同SNP标记组合

【案情简介】

该申请涉及一种用于测定和/或遗传改良猪生长性状的SNP标记，并提供了14个猪的SNP标记，即第一SNP标记至第十四SNP标记。该申请说明书中记载上述SNP标记均与猪的生长性状相关，所述生长性状包括猪胴体体长、猪胴体斜长、猪胴体重、猪胸背膘厚和猪颈椎总长中的至少一种。

涉及的权利要求如下：

一种猪的SNP标记，所述SNP标记包括如下14种SNP标记中的至少一种，第一SNP标记：10.2版本国际猪基因组17号染色体上从5’端起的第16806345位点的核苷酸Y1，对应于SEQ ID NO：1上从5’端起第346位点的核苷酸Y1，所述Y1选自G或A；

…………

第十四SNP标记：10.2版本国际猪基因组17号染色体上从5’端起第17472686位点的核苷酸Y14，对应于SEQ ID NO：14上从5’端起第301位点的核苷酸Y14，所述Y14选自G或C。

【案例分析】

权利要求中涉及多个不同SNP标记组合的大量并列技术方案，而不同的SNP之间相互独立，上述不同SNP标记组合之间构成相互关联的技术特征在于“猪的SNP”，然而，A类文件公开了该申请提供的一种影响猪生长性状的主效SNP标记。由此可见“猪的SNP标记”并非对现有技术作出贡献的技术特征，不属于特定技术特征。因此，上述各组发明之间缺少特定技术特征，不属于一个总的发明构思，不具备《专利法》第三十一条第一款规定的单一性。

案例 3-4-14 检测不同标记组合的不同试剂组合

【案情简介】

涉及的权利要求如下：

1. 肠癌检测试剂盒，其包含用于测定选自以下的一种或多种标记物的试剂：miRNA-19a、miRNA-135b、miRNA-92a、miRNA-18a、miRNA-221、miRNA-223、miRNA-301a 和 COX2。

【案例分析】

权利要求 1 涉及用于测定选自 miRNA-19a、miRNA-135b、miRNA-92a、miRNA-18a、miRNA-221、miRNA-223、miRNA-301a、COX2 中一种或多种标记物的试剂盒，而上述不同 miRNA 标志物/标志物组合的技术方案是相互独立的技术方案，发挥各组 miRNA 的作用。上述各组发明相同或相应的技术特征为检测肠癌 miRNA 标志物的肠癌检测试剂盒。然而，现有技术公开了用于对生物样品中的结肠直肠癌细胞进行诊断或提供预后的试剂盒，所述试剂盒包含适于微 RNA 逆转录的 RNA 引物，还包括用于扩增所述逆转录的 DNA 序列的引物对/探针混合物。可见，上述技术特征并不是对现有技术作出贡献的特定技术特征，各组发明之间并不存在相同或相应的特定技术特征，不属于一个总的发明构思，因此不具备单一性，不符合《专利法》第三十一条第一款的规定。

案例 3-4-15 从属权利要求的单一性

【案情简介】

该申请提供利用 Tm 分析的、检测灵敏度优异的突变检测方法，具体为：向含有检测位点已发生突变的检测对象 DNA 和上述检测位点未发生突变的非检测对象 DNA 的试样中，添加检测用探针以及抑制用多核苷酸，使上述检测用探针与上述 DNA 进行杂交，所述检测用探针包含与含有已发生突变的上述检测位点的检测对象序列互补的多核苷酸，所述抑制用多核苷酸与含有未发生突变的所述检测位点的非检测对象序列互补；然后，加热前述 DNA 和前述检测用探针的杂交形成体，测定伴随温度上升的信号改变，对所述信号改变进行分析以确定 Tm 值，从而确定突变的有无。

涉及的权利要求如下：

1. 一种检测用探针试剂盒，其特征在于，其为在同一反应体系中同时使用的试剂盒，所述检测用探针试剂盒含有包含与检测对象序列互补的多核苷酸的检测用探针，和与非检测对象序列互补且抑制所述探针与非检测对象序列杂交的多核苷酸，

所述检测对象序列为检测位点已发生突变的检测对象 DNA 或其部分序列，其含有已发生突变的所述检测位点，

所述非检测对象序列为所述检测位点未发生突变的所述非检测对象 DNA 或其部分序列，其含有未发生突变的所述检测位点，并且

所述检测用探针试剂盒在检测试样中 DNA 的突变的方法中使用，所述试样为含有检测位点已发生突变的检测对象 DNA 和所述检测位点未发生突变的非检测对象 DNA 的试样，

所述方法包括下述（A)—(E）工序，

(A）向含有所述 DNA 的试样中，添加包含与检测对象序列互补的多核苷酸的检测用探针和与非检测对象序列互补的多核苷酸的工序；

(B）使所述检测用探针与所述 DNA 杂交的工序；

(C）对于所述 DNA 和所述检测用探针的杂交形成体，测定伴随温度变化的信号改变的工序；

(D）分析所述信号改变、确定 Tm 值的工序；

(E）由所述 Tm 值确定所述检测对象位点有无突变的工序。

…………

5. 根据权利要求 1 所述的检测用探针试剂盒，其中，所述突变为序列号 1 的碱基序列中第 756 位碱基 G 突变为 C，所述检测用探针为包含序列号 2 的碱基序列的探针，所述与非检测对象序列互补的多核苷酸为包含序列号 3 的碱基序列的多核苷酸。

6. 根据权利要求 1 所述的检测用探针试剂盒，其中，所述突变为序列号 1 的碱基序列中第 758 位碱基 A 突变为 T，所述检测用探针为包含序列号 4 的碱基序列的探针，所述与非检测对象序列互补的多核苷酸为包含序列号 5 和序列号 6 中至少一者的碱基序列的多核苷酸。

7. 根据权利要求 1 所述的检测用探针试剂盒，其中，所述突变为序列号 1 的碱基序列中第 763 位碱基 G 突变为 A，所述检测用探针为包含序列号 7 的碱基序列的探针，所述与非检测对象序列互补的多核苷酸为包含序列号 8 的碱基序列的多核苷酸。

【案例分析】

该案中，权利要求 1 相对于对比文件 1 或 2 或它们的结合都不是显而易见的，相对于对比文件 1 或 2 或它们的结合具备《专利法》第二十二条第三款规定的创造性。在权利要求 1 具备创造性的基础上，从属权利要求 2—4 相对于对比文件 1 或 2 或它们的结合也都具备《专利法》第二十二条第三款规定的创造性。

在权利要求 1 具备创造性的情况下，由于权利要求 5—7 都是权利要求 1 的从属权利要求，权利要求 1 中对现有技术作出贡献的技术特征，即“在同一个试剂盒中含有包含与检测对象序列互补的多核苷酸的检测用探针，和与非检测对象序列互补且抑制所述探针与非检测对象序列杂交的多核苷酸”，构成了从属权利要求 5—7 之间的特定技术特征。因此权利要求 5—7 在技术上相互关联，属于一个总的发明构思，从而具备单一性，符合《专利法》第三十一条第一款的规定。

第四章 总 结

基因与生物领域知识产权保护工作得到国家高度重视，在《知识产权强国建设纲要（2021—2035 年）》和《“十四五”国家知识产权保护和运用规划》中，均对基因技术等新领域新业态知识产权保护工作作出顶层设计。本书编写组针对专利审查实践中，分子标记相关专利的审查面临着检索数据库多而不全、权利要求撰写形式复杂多变、审查涉及法条多样等问题，从权利要求解读、特色检索策略、主要法条运用等方面进行了探讨；形成分子标记技术专利检索策略和基因序列数据库检索指引，并针对新颖性和创造性的判断，以及说明书公开充分、不支持、不清楚等相关法条的运用，结合实际案例给出参考建议。

一、产业发展潜力巨大

（一）分子标记技术的重点应用领域

本书对分子标记技术产业现状进行了分析，结果显示分子诊断市场规模庞大，新冠疫情、癌症治疗等促使对诊断检测需求的上升，还将持续推动分子诊断市场份额的增长。以分子标记为中心的分子技术，在药物开发、重大疾病诊断和药物临床试验、物种鉴定、动植物辅助育种、遗传多样性分析等方面广泛应用，不断给临床研究、医疗实践、药物开发和动植物育种等场景带来改变，具有较大的研究和分析价值。

（二）分子标记技术的重点发展方向

分子标记技术种类繁多，技术路线不尽相同，根据分子标记技术手段的差异，可分为三代四大类，即第一代 DNA 分子标记技术、第二代 DNA 分子标记技术、第三代 DNA 分子标记技术以及非编码 RNA 分子标记技术。第一代 DNA 分子标记技术主要包括限制性片段长度多态性（RFLP）等，第二代分子技术主要包括随机扩增多态性 DNA（RAPD）、简单序列间重复（ISSR）、扩增片段长度多态性（AFLP）和简单序列重复序列（SSR）等，第三代分子标记技术主要包括单核苷酸多态性（SNP）、插入/删除（InDel）和基因分型测序（GBS）等，非编码 RNA 分子标记技术主要包括 miRNA、lncRNA 和 circRNA 等。分子标记技术主要涉及杂交、聚合酶链式反应（PCR）以及下一代测序（NGS）等。

（三）分子标记技术专利的全球布局

通过对全球、我国的专利申请量趋势、专利申请人排名、专利申请地域分布、专利申请占比分布等信息进行分析可知，美国是最早开始专利申请和专利布局的国家，拥有 illumina、孟山都等一批有影响力的跨国企业，技术实力雄厚，在分子诊断、分子标记育种等方面都具有领先优势。我国申请量最大，特别是作物育种的相关研究多，申请人主要集中在高校和科研院所；其中，广东省申请量排名全国第二，拥有华南农业大学、中山大学、深圳华大基因生命科学研究院、益善生物技术股份有限公司等高校科研机构和企业，创新实力较强，具有较好的专利转化前景。

（四）分子标记技术创新主体对专利保护的诉求

本书编写组对创新主体进行了调研，并对实质审查和复审案例进行了分析。通过对创新主体的调研发现，创新主体认为基因与生物领域分子标记技术产业未来应用具有较好的前景是疾病的诊断和治疗以及辅助育种方向。在专利申请方面，创新主体期望保护的主题主要涉及分子标记本身、分子标记的检测探针/引物、分子标记的检测方法、分子标记的应用、筛选方法等，并且分子标记专利市场转化率较高。但是企业申请 PCT 较少，说明国内创新主体对分子标记专利的全球化布局有待加强。通过对该领域的实质审查案例进行分析，分子标记案例主要涉及 SNP、非编码 RNA、InDel、SSR 类标记等。分子标记案例主要适用的法条涉及《专利法》第二十二条第三款、第二十六条第四款（不支持）、第二十六条第四款（不清楚）、第二十五条、第二条第二款、第二十六条第三款等。通过对复审案例进行分析，分子标记案例主要适用的法条涉及《专利法》第二十二条第三款、第三十一条、第三十三条、第二十五条、第二十六条第三款和第四款等，其中创造性相关复审案例占比最高，其次，是第三十一条、第三十三条、第二十五条和第二十六条第三款等非“三性”法条相关案例。

二、专利检索策略和典型序列数据库检索指引

本书通过对基因领域专利案例的分析，收集了领域内几十个序列检索数据库。针对分子标记类型专利检索需求，梳理并总结了 11 个典型序列数据库的简要介绍、适用场景、检索入口及方式（参见表 2－2－1），并提供了利用检索指引进行案例检索实例。

本书涉及的典型数据库包括：(1) 综合型数据库，如 NCBI 的 GenBank、UCSC、EMBL 的 Ensembl，为涉及序列的分子标记类型案例必检数据库；(2) 基因表达水平数据库，如 Gepia、GEO，为基因表达差异相关分子标记案例的常用数据库；(3) 肿瘤基因突变数据库，如 COSMIC，为肿瘤相关基因突变必检数据库；(4) 涉及非编码 RNA 序列的典型数据库，如 LNCipedia、miRBase、cirCBase，为涉及非编码 RNA 相关分子标记类型案例必检数据库；(5) 作物基因组数据库，如 Gramene Database，为作物分子标记类型案例常用数据库；(6) 中国专利生物序列检索系统，为检索中国专利生物序列的必检数据库。通过上述总结，能为基因领域分子标记类型的案例提供序列检索数据库选择的指引。

三、专利的审查实践总结

（一）分子标记技术相关专利申请的撰写特点与审查难点

对于以基因与生物领域典型分子标记技术如 SNP、非编码 RNA、SSR 为代表的案例，其特点主要体现在以下几个方面：第一，产品权利要求的撰写形式多样，除了常见的序列限定，还有通过 rs 号、位置信息、引物序列、方法等描述分子标记；第二，往往请求保护分子标记的检测引物、探针及其试剂盒；第三，请求保护的检测方法或应用，可能涉及疾病的诊断方法。

分子标记技术案例的审查难点主要体现在以下几个方面：第一，是否满足发明客体授权的要求，如发明是否符合《专利法》第二条第二款的规定；第二，是否满足《专利法》第二十六条第三款规定的说明书充分公开的条件，如分子标记与性状、适应证等是否建立有效联系，使本领域技术人员能够实现该发明；第三，《专利法》

第二十五条规定的诊断方法的判断，如中间实验结果的判断；第四，请求保护范围能否得到说明书的支持，请求保护的范围与发明贡献是否匹配，是否有足够的实验数据支持；第五，补交实验数据的考量等。

（二）对新颖性和创造性的相关撰写和审查建议

在基因与生物领域专利实践中，分子标记技术案例涉及《专利法》第二十二条第二款规定的新颖性的常见情形包括三种：功能性限定、开放式或并列技术方案、推定新颖性。在处理建议方面，功能性限定需要考虑其对分子标记产品的结构或组成产生影响，以及对用途过程、范围的影响；开放式或并列技术方案多数涉及撰写导致的新颖性问题，需要结合说明书实施例进行检索和判断；推定新颖性往往涉及在某技术特征不能与现有技术的技术方案形成有效区分的情况下，而采用一种推定的方式合理质疑新颖性，需要申请人举证和说明区别技术特征所产生的作用及其对权利要求保护范围的影响。

涉及《专利法》第二十二条第三款规定的创造性的常见情形包括四种：发明构思在于新的分子标记本身、发明构思在于分子标记与性状的相关性、显而易见性的判断、预料不到的技术效果的考量。在处理建议方面，分子标记本身是否被公开，需要结合领域特点进行充分检索；分子标记与性状的相关性，首先考虑的是是否为新的应用，重点不在分子标记本身，还应注意分子标记与具体性状的关系是否能够被证明、是否有足够的实验数据支持，需要提供证据以合理质疑；针对发明显而易见性的判断，在《专利审查指南》中给出了“三步法”的判断方法，还给出了六种不同类型发明的创造性判断方法以及需要考虑的四种因素，需要注意的是，如果分子标记本身是新的分子标记，与已知的序列结构并不接近，并有一定用途或者效果，可以认为它有创造性而不必要求具有预料不到的用途或者效果；针对预料不到的技术效果，在《专利审查指南》中给出了一些指引，如量变到质变、克服技术偏见或技术障碍等，在实践中应首先考虑发明的显而易见性，其次是预料不到的技术效果，如果分子标记的新用途不能从分子标记序列本身的结构、组成及现有用途显而易见地得出或者预见到，而是利用了该分子标记新发现的性质或功能，并且产生了预料不到的技术效果，则可认为这种已知分子标记的新用途发明有创造性。

（三）对其他法条的撰写和审查建议

对于基因与生物领域分子标记技术案例，涉及非“三性”法条主要包括《专利法》第二条第二款、第二十五条、第二十六条第三款和第四款、第三十一条第一款以及第三十三条。

涉及《专利法》第二条第二款的情形主要包括：SNP 本身、指纹图谱。例如，一项权利要求请求保护的主题为"SNP 位点"，这仅是一种客观存在的现象，既不是一种产品，也不是一种方法，不符合《专利法》第二条第二款有关发明的定义；或一项权利要求请求保护的主题为"SNP 分子标记"，但除主题名称外的其他内容实际限定了所述的 SNP 分子标记仍为 SNP 位置，基于对权利要求的整体理解，保护的主题本质上仍然是 SNP 位置，不符合《专利法》第二条第二款有关发明的定义；一项权利要求请求保护一种指纹图谱，而指纹图谱属于采用分析手段获得的能够表示该生物特性的图谱，其实质上是一种基于人的智力活动制定的规则，属于《专利法》第二十五条第一款第（二）项规定的智力活动的规则和方法，属于不授予专利权的客体。同时，《专利审查指南》第二部分第一章关于智力活动的规则和方法中指出，智力活动的规则和方法，由于其没有采用技术手段或者利用自然规律，也未解决技术问题和产生技术效果，因而不构成技术方案，既不符合《专利法》第二条第二款中发明的规定，又属于《专利法》第二十五条规定的情形。因此，请求保护主题为指纹图谱的技术方案，涉及不符合《专利法》第二条第二款和第二十五条规定。

涉及《专利法》第二十五条第一款第（一）项情形主要包括从自然界找到一种以前未知的以天然形态存在的分子标记/DNA 等，例如，权利要求所述的 DNA 分子是人们从自然界找到以天然形态存在的 DNA 片段，仅仅是一种发现。涉及《专利法》第二十五条第一款第（三）项情形主要包括分子标记的检测方法或其应用等，例如，权利要求请求保护一种特定基因突变位点的检测方法。如果根据说明书记载，研究表明特定基因缺陷或突变可导致相应疾病的发生，则请求保护的技术方案涉及一种以有生命的人体或动物体（包括离体样本）为检测对象，以获得同一主体疾病诊断结果或健康状况为直接目的的方法，属于疾病的诊断方法。

涉及《专利法》第二十六条第三款的情形主要包括：分子标记本身公开不充分、分子标记与性状的关联性公开不充分。例如，对于一些新发现的分子标记，本领域常用的数据库通常查询不到其序列或信息，说明书中一般应公开其序列或信息。若说明书未公开分子标记的序列或信息，则本领域技术人员无法实现该申请的技术方案，属于说明书公开不充分的情形；如果本领域的技术人员根据现有技术无法预期分子标记与相关性状存在关联，并且说明书中又未给出足以证明该分子标记与性状关联的实验数据，则说明书不满足充分公开的要求。

涉及《专利法》第二十六条第四款的情形主要包括说明书不支持和保护范围不清楚两种。不支持问题包括：①权利要求请求保护分子标记的应用；②说明书中仅验证了分子标记能够用于某一特定物种的鉴定或与特定物种某种具体性状存在关联，权利要求请求保护该分子标记在多个物种或多个性状上的应用，或者说明书中仅记载了某一特定分子标记的相关实施例，而权利要求请求保护多种分子标记的相关应用；③涉及具体序列的分子标记，说明书中仅记载了分子标记为某一具体序列时的相关实施例，而权利要求请求保护涉及该序列及其衍生序列（如延长、截短、碱基替换等）分子标记的相关应用。保护范围不清楚问题包括：①主题名称中既包含有产品，又包含有应用；②权利要求中出现含义不确定的用语或非本领域公知的用语；③权利要求中出现限定不同保护范围或表述不清楚的用语，或者存在括号内外用语含义不同的情况；④权利要求中分子标记在基因组中的位置不明确。例如，当权利要求涉及分子标记或靶基因在鉴定/调控相应性状或功能的应用时，分子标记或靶基因本身只能作为靶标，并不具备相应功能，通常此种类型的权利要求得不到说明书的支持；权利要求中出现自命名的分子标记或核苷酸分子名称，而非现有技术中已知的产品，则会导致权利要求的保护范围不清楚。

涉及《专利法》第三十一条第一款的情形主要包括：①同类独立权利要求的单一性；②不同类独立权利要求的单一性：③从属权利要求的单一性。例如，在多项从属权利要求之间是否具备单一性，取决于引用的独立权利要求 1 是否具备新颖性和创造性情况下，当从属权利要求引用的独立权利要求 1 不具备创造性，其不能作为多项从属权利要求之间对现有技术作出贡献的特定技术特征，因此，多项从属权利要求在技术上不存在相互关联，不属于一个总的发明构思，从而不具备单一性。

涉及《专利法》第三十三条的情形主要包括：增加内容的修改、改变内容的修改、删除某些内容的修改。例如，当权利要求的技术方案涉及疾病的诊断方法，根据技术方案的结果可直接获知个体的健康状况时，不能仅凭排除式“非诊断目的”限定就不会获知个体的健康状况。在此情况下，排除式的修改方式是不允许的。当权利要求的技术方案涉及疾病的诊断方法时，虽然原申请文件并没有描述用于非疾病诊断目的的技术方案或实施例，但涉及的技术方案是一种普适性的分析方法，基于本领域技术人员的认知水平，可以合理预期上述方法可以用于如环境样本分析、细胞或动物模型鉴定等非疾病相关的用途，即并非仅有诊断疾病的唯一用途。因此，尽管原始申请文件中没有明确关于“非诊断目的”的字面描述，但是本领域技术人员可以据此确定权利要求中“非诊断目的”的修改没有超出原说明书和权利要求书记载的范围。

总之，基于以上对基因与生物领域分子标记技术相关专利检索和审查实践的梳理，希望本书对相关领域创新主体及知识产权相关从业者的专利保护和运用工作有所帮助。由于时间和水平有限，本书难免存在疏漏、错误、不足之处，恳请广大读者不吝批评指正。